最も賢い億万長者

数学者シモンズはいかにしてマーケットを解読したか

下

グレゴリー・ザッカーマン
水谷 淳［訳］

THE MAN WHO SOLVED THE MARKET

How Jim Simons Launched the Quant Revolution

ダイヤモンド社

The Man Who Solved the Market
by
Gregory Zuckerman

This edition published by arrangement with Portfolio, an imprint of Penguin Publishing Group,
a division of Penguin Random House LLC through Tuttle-Mori Agency, Inc., Tokyo

最も賢い億万長者〈下〉

最も賢い億万長者〈下〉――目次

第2部　お金がすべてを変える

〈上巻〉目次

◉主な登場人物

ジェームズ（ジム）・シモンズ：数学者、暗号解読者、ルネサンス・テクノロジーズ創業者

レニー・バウム：シモンズの最初の投資パートナー、数百万人の生活に影響を与えたアルゴリズムの考案者

ジェームズ・アックス：メダリオン・ファンドを運用し、初のトレーディングモデルを開発

サンドー・ストラウス：ルネサンスの初期に重要な役割を果たしたデータ専門家

エルウィン・バーレカンプ：重要な転換点でメダリオン・ファンドの運用に携わったゲーム理論学者

ヘンリー・ラウファー：シモンズのファンドを短期取引へ移行させた数学者

ピーター・ブラウン：ルネサンスの重要なブレークスルーに寄与したコンピュータ科学者

ロバート（ボブ）・マーサー：ルネサンスの共同CEOで、ドナルド・トランプの大統領就任に力を貸した

レベッカ・マーサー：スティーブ・バノンと組んでアメリカの政治を覆した

デビッド・マガーマン：マーサー父娘の政治活動を止めようとしたコンピュータ専門家

［訳注］ジム・シモンズは、本来「ジム・サイモンズ」と表記すべきだが、一般的に「ジム・シモンズ」で通っているため、本書でもそれにならった。数学の分野などで定着しているものについては「サイモンズ」とした。

◉重要な出来事の年表

一九三八年　ジム・シモンズ生まれる
一九五八年　シモンズ、MITを卒業
一九六四年　シモンズ、IDAの暗号解読者となる
一九六八年　シモンズ、ニューヨーク州立大学ストーニーブルック校数学科を率いる
一九七四年　シモンズとチャーン、革新的な論文を発表
一九七八年　シモンズ、学問の世界を離れて通貨トレーディング会社のマネメトリクスを起業し、ヘッジファンドのリムロイを立ち上げる
一九七九年　レニー・バウムとジェームズ・アックスが仲間に加わる
一九八二年　社名をルネサンス・テクノロジーズと改称
一九八四年　バウム退職
一九八五年　アックスとストラウスが会社をカリフォルニア州に移転

一九八八年　シモンズ、リムロイを終了し、メダリオン・ファンドを立ち上げる
一九八九年　アックスが去り、エルウィン・バーレカンプがメダリオンを率いる
一九九〇年　バーレカンプが去り、シモンズが会社とファンドを指揮することに
一九九二年　ヘンリー・ラウファー、フルタイムの社員となる
一九九三年　ピーター・ブラウンとロバート・マーサーが入社
一九九五年　ブラウンとマーサーが重要なブレークスルーを成し遂げる
二〇〇〇年　メダリオン、九八・五パーセントの急成長
二〇〇五年　ルネサンス・インスティテューショナル・エクイティーズ・ファンド開始
二〇〇七年　ルネサンスなどのクオンツファームが突然の損失に見舞われる
二〇一〇年　ブラウンとマーサーがルネサンスを引き継ぐ
二〇一七年　マーサー、共同CEOを退任

第9章

「なぜ」が分からないと決められない

数を根拠に決断する人はいまだ誰もいない。
ストーリーを求めるのだ。
ダニエル・カーネマン（行動経済学者）

電話を武器にしたピーター・リンチ

ジム・シモンズは、コモディティや通貨や債券を取引する完璧な方法はすでに発見していたようだった。数学モデルを使って予測するという方法である。それでも、もしルネサンス・テクノロジーズをひとかどの企業にしたいのなら、コンピュータに株式で儲けさせるほかに道がないことは、シモンズにも分かっていた。

なぜシモンズは成功のチャンスがあると考えたのか、それは定かでない。一九九〇年代前半は「ファンダメンタル投資家」の黄金時代だった。彼らはウォーレン・バフェットの真似をして、つねにさまざまな企業の話題を交換したり、年次報告書や財政報告書などを読み込んだりしていた。その手の投資家は、直観や知識や経験に頼る。コンピュータのパワーでなく、脳のパワーがすべてだったのだ。シモンズは株式に関しては素人同然だった。

ファンダメンタル投資法の権化が、ピーター・リンチである。フィデリティ・インベストメンツのミューチュアルファンド、マゼランは、リンチの先見的な銘柄選択によって、一九七七年から九〇年までのあいだに運用額一億ドルの小規模ファンドから一六〇億ドルの大規模ファンドへと成長し、平均二九パーセントの年間収益を上げて、うち一一年は市場の利回りを上回った。シモンズがこだわった過去の価格のパターンをリンチは無視して、投資家たちに、自分がもっとも良く理解できた会社にこだわるだけで市場に勝てると説いた。「自分が持っている株を知れ」がリンチの格言である。

収益が急上昇すると考えられる「ストーリー株」を探していたリンチは、フィデリティ本社のあるマサチューセッツ州で人気のドーナツチェーン、ダンキンドーナツに目を付けた。そして、「この会社は韓国から低価格の輸入品が入ってくることを心配せずに済む」という理由でダンキンドーナツ株を買い、大儲けした。またあるとき、妻のキャロラインが買ってきたレッグズというブランドのパンティーストッキングが、卵形の目立つプラスチックケースに入れられてスーパーやドラッグストアのレジ脇に陳列されていることを知った。キャロラインはレッグズを気に入ったため、夫も力になろうと、そのメーカーであるヘインズの株を買った。それまでヘインズの靴下類は、もっぱらドラッグストアでなくデパートや婦人服店で売られていた。

のちにリンチは次のように説明している。

「少し調べてみたら、女性はスーパーやドラッグストアには平均で週一回行くのに、婦人服専門店やデパートには六週間に一回しか行かないことが分かった。そして質の良い靴下類、パンティーストッキングは、どれもデパートで売られていた。スーパーで売っているのは安物だった」

ライバルブランドのパンティーストッキングを教わったリンチは、四八足購入して社員たちに試してもらい、品質ではレッグズの商品にかなわないことを確認した。やがてリンチはヘインズ株で、ファンドが最初に投資した額の一〇倍の収益を得た。

リンチにとってもっとも重要な道具は、コンピュータでなく電話だった。トップの重役たちに定期的に電話したり、ときには訪問したりして、商売や競争相手、供給元や顧客などの最新情報を尋ねた。小規模の投資家にはそのような情報を得る術《すべ》はなかったが、当時は合法的な戦法だった。

「コンピュータを使っても、［あるビジネストレンドが］一カ月続くのか一年続くのかは分からない」とリンチは語っている。[1]

一九九〇年にはアメリカ人の一〇〇人に一人がマゼランに投資していて、リンチの著書『ピーター・リンチの株で勝つ』は一〇〇万部以上売り上げ、投資家たちは「スーパーや職場で」銘柄を探そうと躍起になった。ミューチュアルファンド市場を牛耳ったフィデリティは、若いアナリストたちを毎年何百社もの企業に訪問させるようになった。ジェフリー・ビニックなどリンチの後継者たちは、その出張のたびに完全に合法的かつ独自に情報を入手して、ライバルを出し抜いた。

当時フィデリティのアナリストだったJ・デニス・ジャン＝ジャックは、次のように振り返る。

「ビニックからいつも言われていたとおり、空港からの行き帰りにタクシーの運転手と話をして、その街の景気とか訪問する企業の感触をつかんでいた。また、その会社の食堂……いや、近くのレストランで食事をして、ウエイターに向かいの会社のことをあれこれ尋ねていた」

相場を予測するドラッケンミラー

リンチとビニックがボストンで大きな利益を上げる一方、国の反対側のカリフォルニア州ニューポートビーチでは、ビル・グロスがパシフィック・インベストメント・マネジメント・カンパニー（PIMCO）という会社で一大債券帝国を築いていた。ビジネススクール時代、エドワード・ソープのギャンブルの本を読み、ブラックジャックで勝つことで学費をまかなっていたグロスは、世界の金利の動向を予測するのにとくに秀でていた。そして思慮に富む多彩な市場分析とユニークな視点で、金融界に名を馳《は》せた。毎日、オーダーメイドの開襟ドレスシャツにネクタイをだらりとまとったいでたちだった。あるとき激しい運動とヨガで身体がほてりすぎて、オフィスでネクタイを締めたくなかったときに取り入れたスタイルだった。

グロスもシモンズと同じく、数学的方法を使って投資商品を分析したが、シモンズと違ってその数式に直観や知識をふんだんに混ぜ合わせた。市場の真の天才として頭角を現したのは、一九九五年、金利の低下に大金を賭けて自らの債券ミューチュアルファンドで二〇パーセントの収益を上げたときだった。この手の投資で過去最大の利回りだった。グロスは投資家たちから「債券王」と呼ばれるようになり、債券市場の頂点に君臨しつづけるにつれてその呼び名が定着した。

同じ頃、いわゆるマクロ投資家が新聞の大見出しに取り上げられ、独自の投資スタイルで世界の政治指導者に恐怖を植え付けるようになった。彼らはシモンズと違って何千もの取引をするのでなく、政治や経済の世界的変化を見越して、限られた数の取引を大胆におこなうことで、大きな収益を上げた。

そんな上り調子のトレーダーの一人が、スタンリー・ドラッケンミラーだった。ピッツバーグ出身で経済学の博士課程を中退した、ぼさぼさ髪のドラッケンミラーは、ミューチュアルファンドのマネージャーとしてトップの運用成績を上げたのちに、ジョージ・ソロスが立ち上げた運用規模一〇億ドルのヘッジファンド、クォンタム・ファンドを引き継いだ。

当時三五歳だったドラッケンミラーは、ニュースを詳しく読み込んで経済統計などの情報を調べ上げてから投資の決定を下すことで、世界的な大事件に先んじて取引をおこなうことを狙った。

ソロスはわずか六カ月で、ドラッケンミラーを雇ったことを後悔した。そしてドラッケンミラーがピッツバーグへ飛んでいる隙に、損を出す恐れのあった債券ポジションを事前の予告もなしに投げ売りした。着陸後にそれを知ったドラッケンミラーは、近くの公衆電話を見つけて辞職したい旨を申し出た。[2]

しばらくして気持ちが落ち着いたソロスは、オフィスでドラッケンミラーに詫《わ》び、六カ月間のヨーロッパ旅行に出掛けると告げた。ドラッケンミラーが当初から連敗続きなのは、「キッチンにコックが多すぎるからなのか、それとも君に向いていないだけなのか」、それを見極めるための期間だというのだ。

数カ月後、東西ドイツを隔てていたベルリンの壁が開かれ、最終的に崩された。世界中が歓喜したが、投資家たちは、はるかに貧しい東ドイツとの統合によって西ドイツの経済とドイツマルクが弱まるのではないかと心配した。しかしドラッケンミラーにとっては、その見方は理屈に合わなかった。安い労働力が流れ込むことで、ドイツの経済は打撃をこうむるどころか強くなるだろうし、ドイツ中央銀行はインフレを防ぐためにマルクを買い支えるだろうというのだ。

ドラッケンミラーは、第一次世界大戦後の急激なインフレがアドルフ・ヒトラーの台頭につながったと指摘した上で、「ドイツ当局はインフレに神経を尖《とが》らせているはずだと、強く確信していた。マルク安を容認するという選択肢はなかった」と振り返る。

ソロスの邪魔がなくなったドラッケンミラーは、ドイツマルク高に大金を賭け、一九九〇年にクォンタム・ファンドは三〇パーセント近い収益を上げた。二年後にソロスがニューヨークに戻ってきて二人の関係が改善すると、ドラッケンミラーはミッドタウンにあるソロスの広々としたオフィスを訪れて、次なる大きな手を伝えた。すでにイギリスポンド安に賭けていた分を徐々に増やすというのだ。ドラッケンミラーはソロスに、イギリス当局は不況から脱するために、ヨーロッパ為替操作メカニズムから離脱してポンド安を容認するだろうと説いた。多くの人がそんな立場を取らないことは百も承知だったが、きっとこのとおりのシナリオになるはずだと自信を示した。

ソロスは一言も発しなかった。そして戸惑った表情を見せた。

「こいつはバカかというような目をしてきたよ」とドラッケンミラーは振り返る。

「バカげている」とソロスは言い放った。

ドラッケンミラーが自説を擁護しようとすると、ソロスは遮って、「そんな取引をするのは二〇年に一度くらいだろうな」と言った。

そして、ぜひやってみてくれとドラッケンミラーに頼んだ。

クォンタム・ファンドはイギリスポンド約一〇〇億ドル分を空売りした。事態の推移に気づいたか、または同様の結論に達したライバルたちもすぐに同じ行動を取ったことで、イギリス当局の介入をよそにポンドは下がりつづけた。そして一九九二年九月一六日、イギリス政府がポンドの下支えをあきらめたことで、ポンドは二〇パーセント下落し、ドラッケンミラーとソロスはわずか二四時間で一〇億ドル以上儲けた。ファンドは一九九三年に六〇パーセントを超す収益を上げ、投資家から預かる運用資産が八〇億ドルを超えた。シモンズが夢見ていたファンドの規模を大きく上回った。それから一〇年以上にわたって、この取引は史上最大規模だったとされ、知恵と勇気を大量につぎ込めばここまで成し遂げられるのだと人々は思い知らされたのだった。

未完の「マーケット・ニュートラル」モデル

市場で大儲けするもっとも確実な方法は、企業情報を暴き出して経済トレンドを分析することだと、当然のように考えられていた。コンピュータを使えばそうしたベテラン投資家に勝てるなどという考えは、荒唐無稽《こうとうむけい》と思われていた。

株式のトレーディングで儲けようといまだ奮闘していたジム・シモンズには、そんなことはいっさい気に掛ける必要がなかった。かつてモルガン・スタンレーに勤めていた数学とコンピュータのスペシャリスト、ロバート・フライが立ち上げたケプラー・フィナンシャルは、シモンズの支援のもと、おぼつかない歩みを進めていた。この会社の成長の鍵は、株価の動向をもっともうまく説明する少数の市場規模の因子を、フライらがモルガン・スタンレーで使っていた統計学的アービトラージ戦略によって特定することだった。たとえばユナイテッド・エアラインズ株の値動きは、市場全体の利回り、原油価格の変動、金利の動向などの因子に対するこの株式の感応度によって決まる。ウォルマートなど別の株の値動きも同じ因子に影響を受けるが、各因子に対する感応度はまったく違うだろう。

ケプラーが工夫した点は、この方法論を統計学的アービトラージに応用することで、これらの各因子の過去の変化に基づく予想よりも上昇幅が小さい株を買うと同時に、逆に上昇幅が大きすぎる株を空売り、つまり逆賭けするというものだった。

たとえば、株式市場が活況を呈する中、アップルコンピュータとスターバックスの株価がそれぞれ一〇パーセント上がっても、過去の上昇基調ではアップル株のほうがスターバックス株よりもはるかに上昇幅が大きかったのであれば、アップル株を買ってスターバックス株を空売りする。フライとある同僚は、時系列分析などの統計学的手法を使って、鍵となる因子を追跡した過去のデータでは完全に説明できない挙動、いわゆる「トレーディング・エラー」を探し、その乖離《かいり》は時間とともに解消されるだろうと仮定した。

フライは、株価の騰落そのものでなく、一群の株式どうしの関係性や相対的な差に賭けることで、誰にとっても難しい問題である「株価が騰落どちらへ向かうかの予測」をする必要がなくなった。また、市場全体がどちらへ向かうかもさほど気にする必要はなかった。結果としてケプラーのポートフォリオは、「マーケット・ニュートラル」、つまり株式市場の動向に比較的影響を受けないものとなった。フライのモデルは多くの場合、一群の株式どうしの関係性が過去の水準に戻るかどうかのみに焦点を絞っていた。いわゆる平均回帰戦略である。ポートフォリオはファンドの変動性が抑制されるように決められ、その結果、シャープレシオは高くなった。経済学者のウィリアム・F・シャープの名前が付けられたシャープレシオは、ポートフォリオのリスクを考慮した収益の指標として広く使われている。シャープレシオが高いことは、過去の運用成績が良くて安定していることを意味する。

しかし、のちにノバと改名されたケプラーのファンドは月並みな結果しか出せず、不満を抱えた顧客の中には資金を引き揚げる者もいた。フライは努力を続けたが、大きな成功もなく、ファンドはメダリオンに吸収された。

問題は、フライのシステムが収益を上げる戦略を見つけられないことではなかった。儲かる取引を特定して一群の株価の動向を予測するという点では非常に優れていた。本当の問題は、モデルの予測に比べて実際の収益が少ないという事態があまりにも頻繁に起こることだった。フライはいわば、おいしい料理のレシピを知っていて、客を感動させる料理を次々に作ったのに、ディナーテーブルに運ぶ途中でそれをほとんどひっくり返してしまったコックのようだったのだ。

フライらがもがき苦しんでいるのを見ていたルネサンスの社員の中には、口を出さずにいられない者もいた。以前にラウファーやパターソンらは、コモディティなどのさまざまな投資商品を売買する高度なシステムとして、将来の市場動向にある程度の幅を持たせた上で持ち株を調整するアルゴリズムを用いたものを開発していた。しかしフライのチームは、株式に対応する同様のシステムを持っていなかった。そのため社員たちは、フライのトレーディングモデルは市場のわずかな変動に敏感すぎるのではないかと突っかかった。せっかく買った株を、株価の突然の変動に驚いて、値が上がる隙もないうちに売ってしまうことがたびたびあった。フライのシステムは、市場の膨大なノイズを何らかのシグナルとして聞き取ってしまったのだ。

シモンズがこの問題を解決するには、二人の変人の手助けが必要となる。一人はめったにしゃべらなかった。もう一人はじっと座っていられなかった。

新たな人材を求めて

ニック・パターソンは、一九九〇年代前半にヘンリー・ラウファーとともにメダリオンの予測モデルの改良に取り組む傍ら、見過ごされている価格トレンドを見つけるのと同じくらい魅力的なサイドワークを始めた。ルネサンスの人員拡充のために、才能ある人材を集める取り組みである。たとえば会社のコンピュータシステムをアップグレードするために、初代のシステム管理者としてジャクリーン・ロジンスキーを雇った。夫が会計士の道を捨ててニューヨーク市消防局長官になったロジンスキーは、やがて情報技術などいくつかの部門を統轄することになる（さらに何人かの女性が法務部などを取り仕切ることになるが、研究やデータやトレーディングの業務で女性が大きな役割を果たすようになるまでにはしばらく年月がかかった）*。パターソンは、新規採用者にいくつかの条件を求めた。もちろ

＊女性の雇用に問題があったわけではない。ほかのトレーディング会社と同じくルネサンスにも、女性の科学者や数学者からは履歴書があまり多く届かなかったのだ。また、シモンズらが無理をしてまで女性やマイノリティーを雇わなかったという面もあった。

んとても賢くて、学術論文や賞など証明できる業績が必要だし、それがルネサンスの業務に役立つ分野のものであればなお望ましい。いかにもウォール街にいそうなタイプは避けた。そのような人たち自体に反感を持っていたわけではなく、もっと優れた才能の持ち主をウォール街以外の場所で見つけられると確信していただけだ。

「お金のことは教えられるけど、賢さを教えることはできない」とパターソンは説明する。

さらに、銀行やヘッジファンドを辞めてルネサンスに入社してきた人は、投資の世界に馴染《なじ》みのない人と比べて、何かのきっかけでライバル会社に移ってしまうことが多いと、パターソンは同僚に語った。シモンズは社員全員が互いの業務内容を積極的に共有するよう求めていたので、これはきわめて重要な点だった。社員がその情報を持って競争相手のところへ逃げ出してしまわないことを信じるしかなかったのだ。

最後に一つ、パターソンがとくにこだわったことがある。現状の仕事でつらい目に遭っている人材がふさわしいというのだ。

「賢いけど不幸せそうな人を選んだのさ」とパターソンは言う。

ある日、パターソンは、ＩＢＭのコスト削減を報じた朝刊の記事を読んで興味をそそられた。この大手コンピューターメーカーの音声認識グループの成果について知って、彼らの研究がルネサンスのしていることに似ていると感じたのだ。そこで一九九三年初頭、このグループの代表者であるピーター・ブラウンとロバート・マーサーに別々に手紙を書き、ルネサンスのオフィスに来てもらって転職のことを話し合おうと持ちかけた。

すると、ブラウンもマーサーもまったく同じ反応をした。パターソンの手紙を手近なゴミ箱に投げ捨てたのだ。それでものちに、家族のごたごたを経験して考えなおし、ジム・シモンズの会社、そして世界全体に劇的な変化を引き起こす下地を敷くこととなる。

コンピュータの虜になったマーサー

ロバート・マーサーが生涯抱きつづける情熱は、父親に掻《か》き立てられたものだった。聡明な科学者でさりげないユーモアを口に出すトーマス・マーサーは、カナダのブリティッシュコロンビア州ビクトリアで生まれ、のちにエアロゾルの世界的専門家となった。エアロゾルとは大気中に漂う微粒子のことで、大気汚染の原因になると同時に、太陽光を遮って地球を冷却する。トーマスはロチェスター大学の放射線生物学と生物物理学の教授を一〇年以上務めたのちに、ニューメキシコ州アルバカーキで呼吸器疾患の治療に尽力する財団の部門長となった。その地で一九四六年、三人の子供のうち最年長のロバートが生まれた。

母親のバージニア・マーサーは演劇や芸術に熱を上げていたが、ロバートが取り憑《つ》かれたのはコンピュータだった。あるとき父トーマスが息子ロバートに、大量生産された世界初のコンピュータ、IBM650の磁気ドラムとパンチカードを見せた。そしてコンピュータの内部機構を説明すると、一〇歳のロバートは自分でプログラムを組んで大判のノートにびっしりと書き込みはじめた。そして実際のコンピュータに触れるチャンスがめぐってくるまで、何年もそのノートを使い込んだ。

サンディア高校とニューメキシコ大学では、痩せこけてめがねを掛けていて、チェス、自動車、ロシアの各愛好会の目立たないメンバーになった。しかし数学のこととなると生き生きして、一九六四年には全米数学コンテストで二人のクラスメイトとともに最高賞を取り、『アルバカーキ・ジャーナル』に掲載された写真の中では誇らしげで魅力的な笑みを浮かべた。[3]

高校を卒業すると、ウエストバージニア州の山中で開かれるナショナルユースサイエンスキャンプで三週間過ごした。そのとき、キャンプにたった一台しかないコンピュータ、IBM1620と出合った。それは寄付されたもので、一〇桁の掛け算を一秒間に五〇回処理できたが、ほとんどのキャンパーは目もくれなかった。夏に一日中屋内で座っているつもりなど、ほかに誰一人いなかったようで、マーサーはそのコンピュータを好きなだけいじり倒し、おもに科学者向けの言語であるFortranのプログラミングを学んだ。その夏、かのニール・アームストロングがキャンプを訪れた。月に初めて降り立った人間となる五年前のことだった。アームストロングはキャンパーたちに、宇宙飛行士は最新のコンピュータを使っていて、中にはマッチ箱くらい小さいものもあると語った。マーサーは口をぽかんと開けながらじっと耳を傾けた。

「どうしたらそんなことができるのか見当もつかなかった」とのちに振り返っている。

マーサーはニューメキシコ大学で物理学と化学と数学を学ぶ傍ら、一三キロ離れたカートランド空軍基地の兵器研究所で職を得て、基地のスーパーコンピュータのプログラミングを手伝うこととなった。野球選手が刈りたての外野の芝生のにおいやきれいに整えられたピッチャーズマウンドの形を好むように、マーサーはカートランドのコンピュータ室の光景やにおいに胸躍らせた。

マーサーはのちに次のように語っている。

「コンピュータの何から何まで大好きだった。夜遅くにコンピュータ室で一人でいるのが大好きだった。その部屋の空調のにおいが大好きだった。ディスクがぶんぶん回ってプリンターがカタカタ動く音が大好きだった」

若者がここまでコンピュータ室の虜《とりこ》になるのはちょっと珍しいことで、変わり者だとすら思えるかもしれないが、一九六〇年代半ばにはこのようなマシンは、未踏の領域と新たな可能性を象徴するものだった。若いコンピュータ専門家や学者や愛好家が夜遅くまでコーディングをして、コンピュータに問題を解かせたり、特定の自動化作業を実行させる命令を書いたりすることが、一種のサブカルチャーとなっていた。その命令を書くのに使われるのが、一段階ずつの論理的手順を連ねたアルゴリズムである。

同世代の若者たちがその日限りの快楽を求める中、男女問わず若くて聡明なプログラマーは、反体制文化の闘志として未来を大胆に切り拓き、何十年ものちに世界を変えることとなる精神とエネルギーを生み出したのだ。

台頭してきたプログラマーの一人で、クオンツの世界の第一人者となったアーロン・ブラウンは、「いい子でいるのは、社会的、心理的につらかった」と言う。

このいわばカルトに入信したマーサーは、研究室のメインフレームコンピュータで、水爆が発生させる電磁場を計算するプログラムを、夏中かけて新たに書き換えた。そうして、そのプログラムを一〇〇倍高速化する方法を見つけるという偉業を成し遂げた。マーサーは奮い立って夢中になったが、ボスたちはさほど感心していない様子だった。そして、以前と同じ計算を高速で処理するのでなく、規模を一〇〇倍にして計算をするよう指示した。高速化などボスたちにはどうでもいいことだったらしく、その態度に若者の世界観は強く影響を受けた。

「政府資金による研究の一番重要な目標の一つは、答えを出すことよりもコンピュータの予算を使い切ることなんだって受け取ったよ」とマーサーはのちに語っている。

マーサーは世を拗《す》ね、政府を傲慢《ごうまん》で無能ととらえるようになった。そして何年ものちに、人は政府の援助を受けずに自活する必要があるという見方を育むようになる。

「その夏の経験で、それ以来ずっと、政府資金による研究にひがんだ見方をするようになった」とマーサーは語っている。[4]

マーサーはイリノイ大学でコンピュータ科学の博士号を取得したのちに、一九七二年にＩＢＭに入社したが、このメーカーのコンピュータの性能は見下していた。惹《ひ》かれたのはこの会社の別の部分だった。以前、ニューヨーク市郊外のヨークタウンハイツにあるトーマス・Ｊ・ワトソン研究センターを訪問したとき、ＩＢＭの猛烈な社員たちが会社の未来の力になるイノベーションを必死で探求しているのに感銘を受けたのだ。

マーサーはそのチームに加わり、新設の音声認識グループで働きはじめた。そしてやがて、一人の社交的な若手数学者を急いで仲間に引き入れて、ある大きなことを成し遂げる。

父親はMMFを創設

ピーター・ブラウンは一〇代の頃、父親が商売で次々と困難に見舞われるさまを見ていた。一九七二年、ピーターが一七歳のとき、父親ハリー・ブラウンと共同経営者は、個人投資家から出資金をかき集めて、比較的安全だが利回りの高い債券を買うというアイデアを思いつき、世界初のマネーマーケット・ミューチュアルファンド（MMF）である、リザーブ・プライマリー・ファンドを設立した。銀行預金よりも利率が高かったが、ちょっとでも関心を示そうとする投資家すらほとんどいなかった。そこでピーターは、この新たなファンドに対する人々の関心を掻き立てようと、顧客になってくれそうな数百人の投資家に送る封筒や手紙の準備を手伝った。ハリーはその年、ピーナッツバターサンドイッチをかじりながらクリスマスを除いて毎日働き、妻のベッツィが家族療法士として働く傍ら、事業資金のために二度目の借金をした。

「ひもじさと混じりけのない欲に突き動かされたんだ」とハリーは『ウォール・ストリート・ジャーナル』に語っている。[5]

翌年、『ニューヨーク・タイムズ』にこの新たなファンドに関する記事が掲載されたことで、ハリーの運が開けた。顧客から次々と電話がかかりはじめ、リザーブ・プライマリー・ファンドの運用資産はまもなく一億ドルに達した。ファンドは成長を続けて数十億ドル規模になったが、一九八五年にヘンリーは引退して、バージニア州の小村にある農場にベッツィと移り住み、広さ二〇〇ヘクタールの敷地で牛を育てはじめた。また、トレバシェットという機械式投石機を使った競技に参加し、重さ三・五キロのカボチャを三〇〇メートル以上飛ばせる仕掛けを作って次々に優勝した。ベッツィは新たな地で市民活動に携わり、民主党の地元政治家となった。

しかしハリーの頭の中は、いまだビジネスのことでいっぱいだった。会社の半分の持ち株を買い取るという合意を破った元共同経営者のブルース・ベントと、一〇年以上にわたるいさかいを続けていたのだ。結局、ハリーは訴訟を起こし、ファンドの運営中にベントが過剰な報酬を得ていたと主張した。一九九九年に二人はようやく和解し、ブラウンがベントに会社の半分の所有権を売却することで決着した(二〇〇八年、投資銀行リーマン・ブラザーズの破綻などによってこのファンドは多額の損失を出し、金融システム全体に恐怖を撒《ま》き散らすこととなる)。

ブラウン一家は財産を手にしたが、友人いわく、ピーターはお金に対する不安をたびたび漏らしていた。それは、父親が以前苦労していたためか、共同経営者と長く争っていたためだろう。それでもピーターは科学や数学に対する野心を持ちつづけた。ハーバード大学で数学の学士号を取って卒業すると、エクソンに入社し、音声言語をコンピュータのテキストに変換する方法、すなわち初期型の音声認識技術の開発をおこなう部署に加わった。その後、ピッツバーグにあるカーネギーメロン大学でコンピュータ科学の博士号を取得した。

IBMの音声認識研究チーム

一九八四年、二九歳でピーター・ブラウンはIBMの音声認識グループに加わった。そのグループではマーサーらが、話された文章を書き起こすコンピュータソフトウェアの開発に取り組んでいた。何十年もの歴史を重ねていたこの分野の一般的な考えでは、コンピュータに言語を認識させるには言語学者や音声学者がコンピュータに構文や文法の規則を教え込むしかないとされていた。

ブラウンとマーサー、そして人遣いの荒いグループリーダーのフレッド・ジェリネックなど同僚の数学者や科学者は、そんな従来の考えとはまったく違う形で言語をとらえていた。彼らにとって言語は、運のゲームのようにモデル化できる代物だったのだ。文中の各時点で次にどの単語が来るかには、それぞれ決まった確率があり、その確率は過去の一般的な用法から見積もることができる。たとえば〝apple〟という単語の後には、〝him〟や〝the〟よりも〝pie〟が来ることのほうが多い。IBMの連中はまた、発音にも同様の確率が当てはまると主張した。

彼らの目標は、録音された会話と書かれた文章のデータをコンピュータに大量に入力して、音声列から可能性の高い単語列を予測できる確率論的で統計学的なモデルを編み出すことだった。そのコンピュータコードは、必ずしも文章の内容を「理解」することはないが、それでも文章を書き起こす術を身につけることになる。

数学用語で表現すると、ブラウンやマーサーらジェリネックのチームは、各ステップがランダムでありながら一つ前のステップによって決定される列、いわゆる隠れマルコフモデルの出力として音声をとらえたことになる。音声認識システムの働きは、聞こえてきた音声の塊を入力として取り込んで、各確率をはじき出し、それらの音声を生み出しうる「隠れた」単語列をできるだけ正しく推測することである。そこで彼らIBMの研究者は、ジム・シモンズの初期のパートナーだったレニー・バウムが共同開発したバウム－ウェルチ・アルゴリズムを使って、言語に関するさまざまな確率に狙いを定めた。言語構造に関する一定の知見を手でプログラミングするのでなく、データから「学習」するプログラムを作ったのだ。

ブラウンやマーサーらが頼りにしたのは、一八世紀の聖職者トーマス・ベイズが提唱した統計法則から発展したベイズ統計学である。ベイズ統計学では、推測される事柄に確率を当てはめ、新たな情報が得られるたびにその推定値を更新していく。ベイズ統計学の特長は、起こりうる事柄をどんどん絞り込んでいけることである。例としてスパムフィルターについて考えてみてほしい。あるメールがスパムかどうかは確実には分からないが、以前「ジャンク」に分類されたメールから学習を繰り返し、受信したそれぞれのメールに確率を当てはめることで、スパムフィルターは有効に機能する(この方法論は思ったほど突飛なものではなかった。言語学者によると、人は会話中、次に話される単語を無意識に推測し、その予測を次々に更新していくのだという)。

一癖ある面々

彼らＩＢＭのチーム、とくにマーサーは、研究手法と同じくらい性格も独特だった。背が高くて健康的なマーサーは、水平に張ったロープに飛び乗って姿勢を保つことができた。若い頃は俳優のライアン・レイノルズにどことなく似ていたが、華々しいハリウッドの世界との共通点はそのくらいだった。人とのやり取りは効率重視で素っ気なく、無駄な単語はほとんど使わず、必要でない限り話そうとはしなかった。同僚の科学者の中には、その奇癖を高く買う者もいた。難しい計算が解けて「できた！」と口に出すこともときどきはあったが、たいていは一日中、クラシックなどを鼻歌で歌ったり口笛で吹いたりするだけで満足していた。コーヒーも紅茶もアルコールも飲まず、コカ・コーラばかりだった。稀にいらいらしたときには〝bull-twaddle〟と叫んだが、同僚たちはこれが〝bullshit〟〔くそっ〕と〝twaddle〟〔たわごと〕の合成語であると見抜いた。

マーサーは腕がとても長かったため、袖を長くした、変わった色や模様のドレスシャツを妻に縫ってもらっていた。ある年のハロウィンパーティーでは、意地の悪いジェリネックが、とんでもなく袖の長いシャツを着てマーサーに変装した。マーサーは同僚たちと一緒に大笑いした。

マーサーは朝六時に出勤し、午前一一時一五分にブラウンたち同僚と一緒にランチをとった。ほぼ毎日、ピーナッツバターとゼリーまたはツナのサンドイッチという同じ食事で、それを再利用可能なタッパーウェアか使い古しの茶色の紙袋に詰めていた。同僚の研究者は、倹約しているのだと受け取った。サンドイッチを食べ終えると、ポテトチップスの袋を開けてテーブルの上で大きさの順に並べ、まず割れたものを口に入れ、それが済むと、小さいものから大きいものへと順に食べていった。

金曜日の午後には、チームで集まってソーダや紅茶、クッキーやコーヒーケーキを囲んだ。そしておしゃべりしながら、ＩＢＭの安い給料にたびたび不満をこぼした。マーサーはときどき、語源辞典の中からとくに面白いと思った項目を読み聞かせた。ときには、「俺は永遠に生きられるはずだ」などと言い出して、わざとランチ仲間のつっこみを誘った。

ブラウンはもっと快活で元気で付き合いやすく、茶色のふさふさの巻き髪で、見るからに魅力的だった。マーサーと違ってグループの中で交友関係を築き、何人ものメンバーがその陰険なユーモアセンスを高く買った。

しかしグループが自然言語処理の研究を進めようと格闘するにつれ、ブラウンは苛立《いらだ》ちを表に出しはじめ、とくにフィル・レスニックという名前の研修生に怒りをぶつけるようになった。ハーバード大学でコンピュータ科学の学士号を取得したのち、このときにはペンシルベニア大学の大学院で学んでいて、のちに立派な学者となるレスニックは、数学的手法を言語の原理に当てはめたいと思っていた。しかしブラウンはそんなレスニックの方法論に我慢がならず、バカにしたり間違いをあげつらったりした。

ある日、ＩＢＭの一〇人ほどの社員が見ている中、レスニックがホワイトボードに向かってある問題に取り組んでいると、ブラウンが駆け寄ってきてマーカーを奪い取り、「こんなのおままごとのコンピュータ科学だ！」とあざ笑った。

ばつの悪い思いをしたレスニックは、椅子にドサリと腰を下ろした。

また、ブラウンがレスニックを「役立たず」で「大バカ」とこき下ろしたこともあった。

ブラウンは後輩の多くに侮辱的なあだ名を付けていたと、グループのメンバーは振り返る。たとえば、グループで唯一の女性メレディス・ゴールドスミスのことを、「メリー・デス」とか、かつてグループにいた女性の名前で「ジェニファー」とかと呼んだ。一番多かったのは「リトル・ミス・メレディス」という呼び名で、イェール大学を卒業したばかりのメレディスには、とりわけ見下されているように感じられた。

マーサーとブラウンはゴールドスミスの指導に手を貸し、ゴールドスミスもそれには感謝した。しかしマーサーは、女性は仕事をせずに家にいて子供の世話をするものだという持論も展開した。

一方、妻がニューヨーク市の公衆衛生担当の長に任命されたブラウンは、自分のことを進歩的な人間ととらえていた。ゴールドスミスの働きぶりを高く評価し、娘のようだと言葉を掛けた。それでも、グループのロッカー室で不適切なジョークをまくし立てることはやめなかった。

「みんないつも汚《けが》らわしいジョークを言っていました。気晴らしだったようです」とゴールドスミスは振り返る。

結局、ゴールドスミスは、グループの居心地の悪さもあって会社を辞めた。

「確かにいい人たちでしたが、セクハラもしてきました。物のように扱われてまともに相手にされていないと、はっきり感じられました」とゴールドスミスは言う。

ブラウンにはけっして個人攻撃をしているつもりなどなかった。グループのメンバーたちも自分にそう言い聞かせていた。怒鳴りつけたりバカにしたりするのを楽しんでいたのも、ブラウン一人ではなかった。ジェリネックの短気な性格のせいで、グループの中には攻撃的で情け容赦ない気風が広がっていたのだ。誰かがアイデアを出すと、同僚たちはそれを骨抜きにしようとあらゆる手を使い、ついでに個人攻撃を繰り広げた。そして一悶着やった末に、その提案の利点について意見がまとまるのだった。中でも、プリンストン大学で物理学の学士号を、ハーバード大学で同じく博士号を取得した双子のメンバー、スティーブン・デラ・ピエトラとビンセント・デラ・ピエトラはとりわけ厳しい攻撃を浴びせ、ホワイトボードに駆け寄っては、ここまでの議論がいかにバカげていたかを証明しようとした。まさに知的な乱闘だった。研究室の外だったら野蛮で攻撃的ととらえられたかもしれないが、ジェリネック率いるスタッフの多くはめったなことでは個人攻撃とは受け取らなかった。

「互いにこき下ろし合った。そしてそれから一緒にテニスをした」と、IBM音声チームの研修生だったデビッド・マガーマンは振り返る。

コンピュータがチェスの世界チャンピオンを破る

ブラウンは残酷で無礼なあだ名を付ける才能があるだけでなく、父親の影響もあってか、商売に関する直観力も並外れていた。チームが開発した技術を使って信用調査などの新サービスを顧客に売り込むよう会社上層部に迫り、さらには、自分たちの統計学的方法論を使って会社の数十億ドル規模の年金基金の運用を引き受けようともしたが、さほど支持は得られなかった。

ある同僚の記憶によると、重役の一人から「どんな投資の経験があるんだ?」と訊かれると、ブラウンは「いっさいありません」と答えたという。

あるときブラウンは、カーネギーメロン大学時代のクラスメイトが率いるコンピュータ科学者チームが、コンピュータにチェスを打たせるプログラムを開発していることを知った。そこで、上層部を説得してそのチームを雇い入れようと思い立った。するとある冬の日、会社のトイレで研究担当の上級役員エイブ・ペレッドと、近く開催されるスーパーボウルのテレビコマーシャルの料金が途方もなく高いという話になった。そこでブラウンは、ずっと安い費用で会社を売り込む方法があると持ちかけた。カーネギーメロン大学の例のチームを雇って、彼らが開発したマシンがチェスの世界チャンピオンを破れば、世間の注目を集められるというのだ。しかもチームのメンバーはＩＢＭの研究の手助けもしてくれるかもしれないと、ブラウンは説いた。

ＩＢＭのお偉方はこのアイデアを気に入り、スーパーコンピュータ「ディープ・ソート」計画を進めるそのチームを雇い入れた。だがこのマシンが次々に勝利して関心が集まるにつれ、批判の声が湧き上がってきた。このチェスマシンの名前を聞いた人々は、ポルノ黄金時代の先駆けとなった一九七二年制作の有名なポルノ映画『ディープ・スロート』を連想したのだ（詳細は差し控えよう）。ＩＢＭが重大な問題に直面しているのに気づかされたのは、こんな日のことだった。カトリックの大学で教えていたチェスチームのあるメンバーの妻が、年上の修道女である学長と話をしていた。するとその学長が、「ＩＢＭの驚きのディープ・スロート・プログラム」と何度も呼びつづけたのだ。

会社はチェスマシンの新たな名前を決めるコンテストを開き、ブラウン本人が提案したディープ・ブルーが選ばれた。ＩＢＭの昔からの愛称ビッグ・ブルーに掛けた呼び名だった。それから数年後の一九九七年、数百万人がテレビの画面を見つめる中、ディープ・ブルーはチェスの世界チャンピオン、ガルリ・カスパロフを破り、真のコンピュータ時代の到来を人々に気づかせたのだった。[6]

ブラウンとマーサーのチームは、コンピュータに話し言葉を書き起こさせるという目標に向けて前進した。さらにブラウンは、確率論的な数学モデルが翻訳にも使えることに気づいた。そこでチームは、節ごとにフランス語と英語の両方で書かれたカナダ議会議事録数千ページ分などのデータを使って、言語間での文章翻訳に向けて歩を進めた。その成果が下地となってコンピュータ言語学と音声処理の分野に革命が起こり、アマゾンのＡｌｅｘａ、アップルのＳｉｒｉ、Ｇｏｏｇｌｅ翻訳、音声合成システムなど、のちの音声認識技術の進歩に貢献した。

二人の転機

このように前進した一方で、彼ら研究者は、その成果を商業化させる明確なプランが会社に欠けていることに失望していた。パターソンの手紙をごみ箱に投げ捨ててから数週間後、ブラウンとマーサーは人生の方向性を考えなおさざるをえなくなった。

一九九三年晩冬のある日、マーサーの母親と妹の乗る車に、氷の上でスリップした別の車が衝突し、母親は死亡、妹は負傷した。それから二〇日後のイースターの日、今度はマーサーの父親が進行性の病気で息を引き取った。数カ月後、パターソンから手紙の返事をよこさない訳を尋ねる電話がかかってきたことで、マーサーは転身を考えはじめた。三女が大学に入ったばかりだったし、中二階のある質素な自宅のそばには見苦しい送電線が走っていた。使い古した茶色の紙袋からランチを取り出すのも飽きてきた。

「来てもらって話をしようじゃないか」とパターソンは言った。「だめでもともとだろ?」

マーサーはある同僚に、ヘッジファンドが社会の役に立つとは思えないとつぶやいた。別の社員も、市場はとても効率的なのだから、トレーディングで儲けようとしても「無駄だ」と言い放った。それでもマーサーは、パターソンのもとを訪ねて心を打たれた。ストーニーブルック校のキャンパスそばのハイテク企業支援施設にあるルネサンスのオフィスは、かなり味気ない場所だった。しかし、もともとは化学実験室として設計されていて、壁の高いところに小さな窓があり、オフィスの配置も、シモンズの会社が金融でなく科学に的を絞っていることをうかがわせていた。マーサーには魅力的に映った。

ブラウンのほうはというと、シモンズの噂は聞いていたものの、その研究業績は自分とは関係ないと思っていた。そもそもシモンズは幾何学者で、分野がまったく違う。しかし、IBM音声チームが頼りにしているバウム－ウェルチ・アルゴリズムの共同考案者レニー・バウムが、シモンズの最初の経営パートナーだったことを知ると、もっと興味が湧いてきた。しかも、その少し前に妻のマーガレットが第一子を出産していて、ブラウンは家計の不安に直面していた。

「生まれたばかりの娘を見て、ボブ〔ロバート・マーサー〕が大学の学費に困っていることを考えていたら、投資の世界で何年か働いてみるのも悪くないんじゃないかって思えてきたんだ」と、のちにブラウンはある科学者グループの前で語っている。

シモンズからそれまでの二倍の給料を提示され、ブラウンとマーサーは一九九三年にルネサンスに加わった。ちょうどその頃、社内では、株式トレーディングがなかなかうまくいかずに緊張が高まっていた。研究者を含め何人かの社員は、シモンズにこの取り組みをやめるよう迫った。そして、フライのチームは十分な時間をかけているのに、まだたいした成果を上げていないじゃないかと責めた。

ある日、ルネサンスのランチルームで一人の社員がフライに、「時間の無駄だ。本当にこんなことをする必要があるのか?」と突っかかった。

するとフライは、「前進している」と言い張った。

先物チームの何人かは、フライは株式の研究をあきらめて、われわれのプロジェクトに加わるべきだと訴えた。それでもシモンズは陰日向《かげひなた》でフライをかばった。そして、ラウファーやパターソンたちが先物取引のサイドビジネスで成功したのと同じように、フライのチームも株式トレーディングで莫大《ばくだい》な収益を上げる方法を見つけるはずだと言い張った。

「もう少し待ってみようじゃないか」とシモンズは、疑いを抱くある社員をなだめた。

シモンズはフライに自信をつけさせようともした。

「良い仕事だ。あきらめるなよ」

ブラウンとマーサーは、その株式チームの苦闘をとくに強い関心を持って見つめていた。IBMからやって来てすぐに二人は引き離された。マーサーは先物グループでの仕事にあてがわれ、ブラウンはフライの株式銘柄選びを手伝うことになった。シモンズは、二人が会社に馴染んでほしいという思いから、互いだけで話をすることがないよう、いわば教室の中で離れた場所に座らせたのだ。それでもブラウンとマーサーは空き時間に顔を合わせて、シモンズの悩みを解消する方法を探った。何か解決法があるかもしれないと思っていた。だが真に突破口を開くには、IBMのもう一人の型破りな社員の助けが必要となる。

第10章

若き救世主

ルネサンスの面接

一九九四年秋のある寒い朝、デビッド・マガーマンは夜が明けるずっと前に、ボストンに借りているアパートの玄関扉を閉めた。そしてシルバーのトヨタ・カローラに飛び乗って、手動式の窓を調節し、南へ向けて出発した。二六歳のマガーマンはインターステート九五号線を三時間以上走ってから、ロングアイランドの突端へ向かうフェリーに乗り込み、午前一〇時前、ストーニーブルックにあるルネサンス・テクノロジーズのオフィスに到着した。就職面接を受けることになっていた。

マガーマンの採用は間違いないように思えた。ジム・シモンズ、ヘンリー・ラウファー、ニック・パターソンなど社員たちは評判の高い数学者や理論家だったが、従来よりも複雑なコンピュータトレーディングモデルの開発を始めようとしていたルネサンスに、プログラミングに秀でた従業員はほとんどいなかった。マガーマンの得意分野はまさにそのプログラミングだった。IBMで実り多い仕事を成し遂げ、ピーター・ブラウンやボブ・マーサーと知り合って、そのブラウンからこの日の午前中に来ないかと誘われたのだ。うまくいくはずだと期待するのも当然だった。

しかし、そうはうまくいかなかった。朝の運転のせいで到着した頃には疲れきってしまい、けちけちしてボストンから飛行機で来なかったことを後悔した。ルネサンスの社員たちは会うやいなや、難しい問題や課題を次々に出して数学などいくつかの分野の能力を試し、マガーマンを苦しめた。シモンズが黙って座っている中、研究者の一人がある無名の学術論文の内容について問い詰め、背の高いホワイトボードで厄介な問題を解かせた。フェアとは言えなかった。その論文はその社員本人の博士論文で誰にも顧みられていないものだったが、それでもマガーマンに、そのテーマに関する技能をどうにかして見せつけろと要求したのだ。

マガーマンは、なぜ自分に証明させようとするのか納得がいかなかったし、また個人攻撃も少々度が過ぎていると思い、実際に感じている苛立ち以上に横柄な態度を示した。夕方までにシモンズのチームは、この仕事を任せるにはマガーマンは未熟すぎると判断した。外見もその未熟なイメージを引き立てていた。髪は薄茶色でしゃがれ声、童顔で頬が真っ赤、少年がそのまま大きくなったような容貌だった。

しかしブラウンはプログラミングの技能を買ってマガーマンの味方をし、マーサーも加勢した。二人とも、メダリオンのコンピュータコードが規模も複雑さも増していると感じていて、さらなる人材がどうしても必要だと判断していたのだ。

「あいつを信じるのか？　できるやつだと思うのか？」と誰かが問いただすと、ブラウンは「俺たちに任せてくれ」と答えた。

後日、マガーマンがこの仕事に興味がある旨を伝えると、ブラウンは冗談で「ルネサンスは君への関心を失った」と嘘をつき、その悪ふざけのせいでマガーマンは何日も不安にさいなまれた。結局、ブラウンは正式に採用を決定した。一九九五年夏にマガーマンは、疑っていた人たちを納得させるために全力を尽くそうという決意のもと、ルネサンスに入社した。それまでの人生のほとんどは、権威者に気に入られるための努力に費やしてきたが、うまくいったこともそうでないこともあった。

目立たないマガーマンが本領を発揮

小さい頃のマガーマンは、ブルックリンでタクシー運転手をしていた父親のメルビンとぎくしゃくしていた。メルビンは悪運につきまとわれていた。ニューヨークでタクシー免許を取れなかったため、デビッドが猛烈に反対するのも意に介さずに、一家でマイアミから二三キロ南西にあるフロリダ州ケンドールへ引っ越した（八歳だったデビッドは、出発の前日にかっとなって自宅を飛び出し、通りの向かいにある家に閉じこもって、午後に両親に連れ戻されるまで帰らなかった)。

メルビンは何年もタクシー運転手として働いて、現金をマクスウェル・ハウスのコーヒー缶に詰めて家のあちこちに隠し、ある裕福なひいき客の援助を受けて、義理の兄とともに地元のタクシー会社を買収する計画を練り上げた。ところが契約の前日にそのひいき客が心臓発作で世を去り、メルビンの大計画は台無しになった。以前から鬱《うつ》だった上に、ますます気分が落ち込んで、運転もままならなくなってしまった。精神状態がさらに悪化すると、義理の兄が経営するトレーラーパークで料金を徴収する仕事をした。デビッドも姉も、会計事務所で事務マネージャーとして働く母親のシーラにべったりで、父親はそんな子供たちを遠ざけるようになった。

マガーマン一家が暮らしていた下層中産階級の地域には、若い家族と犯罪者と風変わりな人間とが入り交じって住んでいた。通りの向かいに住む麻薬の売人は人を呼んでは四六時中騒いでいたし、マガーマンの家の裏庭には銃マニアが撃ち落とした鳥がしょっちゅう転がっていた。

青年時代のデビッドは、大きなトラブルを避けて通った。小遣いの足しにするために道端で花を売り歩いたり、学校でキャンディーを売ったりした。父親と近くのドラッグストアでキャンディーバーなどの商品を買って、それをダッフルバッグに詰め、クラスメイトたちに少し色を付けた値段で売っていた。その非公認の商売は繁盛したが、商売敵だった筋骨たくましいロシア人の子供が学校にばれて、首謀者はデビッドだと名指しした。校長からトラブルメーカーとして目を付けられていたデビッドは停学になった。映画『ブレックファスト・クラブ』よろしく、校則を破ったほかの生徒たちと一緒に図書室で反省させられていると、ある魅力的な女子生徒から、マイアミでコカインを届ける仕事に加わらないかと誘われた（デビッドがスニッカーズやスリー・マスケティアーズを売っていたせいで捕まったことを、その女子生徒が知っていたかどうかは分からない。コカインを売るのにその経験はたいして役に立たなかったはずだ）。デビッドは、移動手段が自転車しかないからと言って丁重に断った。

デビッドは何よりも勉強に集中し、とくにいくつかの学力コンクールでトロフィーを取ると、教師や両親などから大いに褒められた。さらに、優秀な生徒を対象とした地元のプログラムに参加して、コミュニティーカレッジでプログラミングを学び、七年生を終えると奨学金を得て、バスで四五分のところにある私立の中等学校に入学した。そしてラテン語を学び、数学では二学年飛び級した。

教室の外ではのけ者にされた。新たなクラスメイトたちと比べると、家の経済状況が心配で、いつか金持ちになってやると心に誓った。やがて、一日の大半を学校のコンピュー夕室で過ごすようになった。

「俺のようなオタクがフットボール選手から身を隠す場所だった」とマガーマンは言う。

家では、数学の才能がありながらもそれを活かしきるチャンスに恵まれなかったメルビンが、その挫折感を息子にぶつけた。父親から太っていると咎《とが》められたデビッドは、なんとか褒められようとマラソンを始め、ある年の夏には断食を続けるあまり拒食症に陥った。練習で二〇キロ走るたびにへとへとになったが、コーチと張り合ってマラソン大会に参加した。

「コーチに簡単に乗せられたよ」とマガーマンは振り返る。

マガーマンは権力者に認めてもらおうと、父親代わりの人物を探しつづけ、なぜだか不必要な喧嘩《けんか》まで吹っかけるようになった。

「どうでもいいことを大げさに騒ぎ立ててでも、不正を正して正義のために戦うしかないと思ったのさ。救世主気取りだったんだ」とマガーマンは打ち明ける。

高校時代のある年、過越《すぎこ》しの祭の第二夜に陸上競技会が予定されていることを知ったマガーマンは、地元のラビに訴えて競技会を中止させた。がっかりしたチームメイトは、なぜマガーマンがそこまでこだわるのか理解できなかった。本人ですらよく分かっていなかった。

「ランナーとしてもパッとしなかったし、信心深くもなかった。過越しの祭の第二夜に祝うこともしなかったはずだ。バカなことをやったもんだ」とマガーマンは振り返る。

最上級生の年にマガーマンは友人二人と、第二学期は休学してイスラエルの学校で学ぶと宣言した。校長から止められて、それでかえって火がついたのだ。人生の枠組みを探していたのだろう。エルサレムでは、宗教書を暗記し、歴史を学び、宗教的しきたりを身につけ、神を賛美する教師や校長の言葉に聞き入った。

イスラエルへ発《た》つ前にマガーマンは、大学への志願書と小論文をフロリダの母親に預け、いくつもの大学に郵送してもらうよう頼んでいた。その春、ペンシルベニア大学からは入学が認められたが、アイビーリーグのほかの大学からはすべて却下され、マガーマンは驚くとともにがっかりした。何年ものちに母親の家を片付けていると、ハーバード大学への志願書の写しをたまたま見つけた。そして、反ユダヤ主義者が息子の入学を阻止するのではないかと恐れた母親が、ほかのほぼすべての大学を含め、小論文からイスラエルやユダヤ教に関する記述をすべて削除して書きなおしていたことを知った。理由は分からないが、母親はペンシルベニア大学をユダヤ教の大学と思い込み、その小論文だけは手を加えなかったのだ。

ペンシルベニア大学でマガーマンは、新たな目標を目指していたこともあって優秀な成績を収め、ほかの大学が彼を落としたのは間違いだったことを証明した。とくに、専攻科目のコンピュータ科学と数学で抜きん出ていた。コンピュータ言語学の科目の学生助手に選ばれると、仲間の学生、とくに女子学生からの関心と尊敬を一身に浴びた。卒業論文もある程度の評価を受けた。危なっかしいが憎めないテディーベアのようなマガーマンが、ついに本領を発揮したのだ。

スタンフォード大学で書いた博士論文では、ブラウンやマーサーらＩＢＭの研究者が格闘していたまさにそのテーマに取り組んだ。統計学と確率論を使ってコンピュータに言語の解析と翻訳をさせる方法についてである。一九九二年、マガーマンはＩＢＭの研修生となった。見た目を少々派手にして、人間関係の難しいグループの気風の中でもうまく渡り歩いた。最終的にＩＢＭのフルタイムの職に就いたが、人生の別の面ではそこまでの成功には至らなかった。同じグループのジェニファーという若い女性に目を付けて口説いたが、その場で振られてしまったのだ。

「俺なんかにはいっさい関わりたくなかったんだ」とマガーマンは言う。

それはかえって幸いだったのかもしれない。ジェンジというあだ名で呼ばれていたそのジェニファーは、実はボブ・マーサーの長女だったのだ。

失敗続きの株式トレーディングシステム

マガーマンが入社した一九九五年当時のルネサンスは、投資界の有力者の立場に近づきつつあるようには見えなかった。本社は最先端の新興企業向けに建てられていたが、まるで病院のようなその単調な空間は、衰退しつつある保険会社にこそ似つかわしく思えた。三〇人ほどの社員は、地味なブースや何の特徴もないオフィスに陣取っていた。壁はむき出しで醜いオフホワイト、家具はレンタル会社レントAセンターの廃棄品のようだった。シモンズは暖かい日には、膝丈のショートパンツと爪先の開いたサンダルで歩き回り、このヘッジファンドがまだ絶頂に達する状態にはないことを強く感じさせた。

それでもこの場所には、少なくともマガーマンにとってはなんとなく威圧的な雰囲気があった。その一つは、比喩的な意味でも身体的な意味でも、新たな同僚たちの姿形にあった。ほぼ全員が身長一八〇センチ以上で、一六五センチのマガーマンをはるかに凌《しの》いでおり、この独身男性にさらなる不安感を植え付けたのだ。マガーマンにはこの地域に友人も親戚もいなかった。そのため、マーサーの妻ダイアナから、家族と一緒に映画を見て、最後、ファミリーレストランのフレンドリーズでデザートで締めようと誘われると、マガーマンは大喜びした。ありがたいことに、それから何日かマーサーの家で夜を過ごし、新生活の不安は和らいだ。

ルネサンスが深刻な問題を抱えていることにマガーマンが気づくまでに、そう長い時間はかからなかった。フライの株式トレーディングシステムは役に立たず、一九九四年には五パーセント近い損失を出していた。フライのモデルにも長所はあった。その統計的アービトラージ取引は紙の上では成功しそうに見え、大金を生み出すはずだった。しかし、少なくともシミュレーションが示しているほどには成果を上げなかった。それはまるで、山の奥深くに金が埋まっている明らかな証拠を見つけたのに、それを確実に掘り出す方法がないようなものだった。

ルネサンスに吸収されたフライのファンドの名前を取って「ノバ」と呼ばれていたそのシステムに、シモンズは失望を深めていったようで、会議ではときどき頭を横に振った。ある日には、「なかなか先に進まない」とぼやいた。

片手間にブラウンとの研究を続けていたマーサーは、独自バージョンの株式トレーディングモデルをあれこれいじって、問題の最大の原因を突き止めた。そして、喜んだ表情で社内を歩き回りながら、「コップを口に持っていくまでのちょっとしたあいだにも失敗はいくらでもある」ということわざをつぶやいた。

このことわざでマーサーは何を言いたかったのか？　フライのトレーディングシステムが優れた取引のアイデアを導き出していることは間違いない。しかし、その取引を実行に移すところに何か問題があって、そのせいでこのシステムは大金を稼げなかったのだ。結局、フライはシモンズと話し合って、自分は社内の別のプロジェクトに移るのが一番だということで決着した。

「列車を定刻どおりに走らせるのにふさわしい人間じゃなかったんだ」とフライは認めている。

同じ頃、マーサーはシモンズから、株式研究分野でブラウンと組む許可を得た。シモンズにとっては、何か特別なことをやってのけて会社を成長させる最後のチャンスだった。「おい、お前ら、少しは稼ごうじゃないか」とシモンズはあるとき、週に一度の会議で発破を掛けた。我慢も限界に近づいていたらしい。

改良型トレーディングシステムの落とし穴

ブラウンとマーサーが再び組んだことで、性格は正反対だが驚くほど馬が合う二人の科学者の並々ならぬ協力関係が、新たな段階へと進んだ。ブラウンは率直で議論好き、根気強くて声が大きく、活力にあふれていた。マーサーは言葉数が少なくてめったに感情を表に出さず、まるで延々とポーカーをやっているかのようだった。それでも二人は陰と陽のような絶妙の取り合わせだった。

何年か前、博士論文の仕上げにかかっていたブラウンは、自分がこの謎めいた相棒をどれだけ頼りにしているかをはっきりと示すことにした。

「何かアイデアを思いつくと、それが何カ月も前にボブから試してみろと言われたアイデアと同じだったことに気づく、ということが何度もあった。まるで、なんらかのマスタープランを一段階ずつ解き明かしているかのようだった」と博士論文の序論に記したのだ。

ＩＢＭ在職中のブラウンとマーサーは、業界の会合のときにはステージから何列も離れたところに並んで座り、自分たちの発表の番になるまで、正面で続けられている講演を無視してチェスに没頭していた。二人は決まった仕事のスタイルを確立した。ブラウンが研究の草案をざっと書き留めたら、もっと筆の立つマーサーがそれを受け取って、時間をかけて念入りに書きなおすのだ。

そんなブラウンとマーサーは、フライのモデルを改良するという新たな仕事に没頭した。夜遅くまで働いては一緒に会社を後にした。平日は近くの年配女性の家の屋根裏部屋に泊まり、週末だけ家族のもとに帰った。やがて二人は、シモンズの株式トレーディングシステムを改良する方法を発見した。実はフライのモデルが提案する取引は、実際的でないなどころか実現不可能だったのだ。たとえば、ノバのレバレッジ（借入金）がブローカーの設定した上限額にたびたび達してしまっていた。そのためフライと社員たちは、ノバのレバレッジがある一定額を超えるたびに、モデルが勧めてくる取引を無視して、手作業でポートフォリオを縮小して上限内にとどめていたのだ。

フライのモデルが選んでくる取引の中には、魅力的に思えるが実際には実行できないものもあった。たとえば、ある株式を空売りするよう指示してきても、それが実際には売却できないものだったら、フライはその提案を無視するしかなかった。

提案してくる取引を実行できないと、運用成績が下がるだけでは済まない。このファクタートレーディングシステムは、複雑に絡み合った一連の取引を導くが、リスクを適度に抑えながら収益を上げるには、そのすべての取引を実行する必要があった。それに対して先物取引は単純な代物で、どれか一つの取引が実行できなくても影響はほとんどなかった。フライの株式トレーディングシステムでは、いくつかの取引が実行できないだけでポートフォリオ全体が市場動向に敏感になって、全体の健全性が脅かされてしまうのだ。しかも、実行できなかった取引がときにシステム上のもっと大きな問題へと拡大して、モデル全体の的確性を損なうこともあった。一九九〇年代半ばのテクノロジーと並以下のソフトウェア工学の手腕に頼っていたフライとそのチームは、小さな過ちが引き起こす大きな問題に対処できなかったのだ。

「何百もの方程式の共通解をいっぺんに探すようなもんだった」とフライは言う。

そこでブラウンとマーサーは別の方法論に飛びついた。考慮すべき制限や要件を単一のトレーディングシステムにプログラミングして、生じうる問題をすべて自動的に考慮できるよう講じることにしたのだ。コンピュータ科学者の二人は、IBMなどで大規模ソフトウェアの開発計画に何年も携わっていた。それに対してフライの以前のシステムは、断片的に少しずつコーディングされていたため、トレーディングのすべての要件に合致する形でポートフォリオ全体を統合するのは難しかったのだ。

「ルネサンスの連中は、……大規模システムの作り方をあまり知らなかった」とマーサーはのちに説明している。[1]

ブラウンとマーサーは、IBMで音声認識に取り組んでいたときと同じように、この課題を数学の問題として扱った。入力は、ファンドの取引コスト、さまざまなレバレッジ、リスクパラメータ、そして各種の制約や要件である。これらの因子をすべて踏まえた上で、取引時間中を通じて、理想的なポートフォリオを導いては最適な決定を下すことで最大限の収益を上げるシステムを構築したのだ。

この方法論の長所は、すべてのトレーディングシグナルとポートフォリオの要件を一つの一体的なモデルに組み込むことで、新たなシグナルを容易に検証および追加して、新たな戦略による収益がコストを上回るかどうかを瞬時に判断できることだった。また二人はそのシステムを、ヘンリー・ラウファーの先物トレーディングシステムと同じく、自身で学習して調整できる「順応的」なものにした。モデルが勧める取引がなんらかの理由で実行されなかったら、システムは自ら修正して、ポートフォリオがしかるべき状態に戻るような売買注文を自動で見つけ出す。これによって、フライのモデルの足枷《あしかせ》となっていた問題は解決した。このシステムは一時間に何度も処理を繰り返し、何千もの取引候補を比較検討する最適化プロセスを実行した上で、電子取引の指示を出す。ライバルはこのような自己改良型のモデルを持っていなかった。こうしてルネサンスは秘密兵器を手に入れ、それがファンドの将来の成功に欠かせない役割を果たすこととなる。

最終的にブラウンとマーサーが開発した精巧な株式トレーディングシステムは、コードが五〇万行にも達した。それに対してフライの以前のシステムは数万行だった。この新たなシステムは考慮すべき制限や要件がすべて組み込まれており、さまざまな面で、シモンズが何年も前に夢見ていた自動トレーディングシステムそのものだった。こうしてノバの株式取引は市場の変動に影響されにくくなり、各銘柄を平均で二日程度と、以前より少し長く保有するようになった。

重要な点は、フライがモルガン・スタンレーでの経験から導いた予測モデルをブラウンとマーサーがそのまま引き継いだことである。いまだにそのモデルは、値下がりした株の反発に賭けることで相当な収益を出せる取引を数多く特定していた。ルネサンスはそれから何年もかけてこの基本戦略にさまざまな工夫を加えていくことになるが、一〇年以上にわたってそれらの工夫は、中核となる平均回帰シグナルの「二次的」補完にすぎなかった。ある社員はズバリと言う。「俺たちは値動きに対する人々の反応から儲けているんだ」

ブラウンとマーサーの新たな改良型のトレーディングシステムは一九九五年に実装され、シモンズらは胸をなで下ろした。まもなくしてシモンズはブラウンとマーサーをルネサンスの共同経営者に据え、二人は管理職に昇進して、チームのほかの上級メンバーと同じく、「ポイント」すなわち会社の収益の一部を受け取るようになった。

ところが、シモンズのこの行動は拙速すぎたことが明らかとなる。まもなくして、この新たな株式トレーディングシステムは大量の資金を取り扱えないことが明らかとなり、株式市場に攻め込むというシモンズの本来の目的は実現しなかったのだ。ルネサンスは株式にわずか三五〇〇万ドルしか投資できなかった。もっと多額の取引をすると、数年前のフライのシステムと同じく収益が消えてしまったのだ。さらに悪いことに、ブラウンとマーサーは、このシステムがなぜこれほどたくさんの問題に直面しているのかを突き止められなかった。

手助けが必要になった二人は、双子のデラ・ピエトラ兄弟や、さらにこのシステムを救いたいと思っているマガーマンなど、新たな才能を引っ張ってきてＩＢＭ時代のチームを再結集しはじめた。

社内ハッキングでウイルスをばらまく

マガーマンはルネサンスに入社するとすぐに数々の問題の解決に没頭し、新たな同僚たちから認められた。そしてあるとき社員たちに、会社が使っていたＣなどの言語よりもはるかに優れた汎用目的のコンピュータ言語、Ｃ＋＋を学ぶべきだと説いた。

ある同僚には、「Ｃはあまりにも八〇年代すぎる」と言った。

確かに言語としてはＣ＋＋のほうが優れていたが、とくにこの局面で言語を乗り換えることに、マガーマンが訴えるほどの必要性はなかった。Ｃ＋＋の専門家であるマガーマンには裏の動機があった。同僚たちにとって欠かせない人間になりたかったのだ。その術策は功を奏して、ルネサンスはＣ＋＋に乗り換え、すぐに数学者たちは昼夜を問わずマガーマンに手助けを求めるようになった。

「連中のペットになったのさ」とマガーマンは振り返る。

マガーマンは自由時間を残らず費やして、会社の株式トレーディング戦略を学び、さまざまな情報を少しずつ吸収した。部下の望んでいることを見抜く天性に恵まれたブラウンは、折に触れて褒めていけばもっとマガーマンを働かせられるだろうとにらみ、感心するふりをした。

ある日、誇らしげな笑みを浮かべるマガーマンにブラウンは、「株式トレーディングシステムの深い知識を身につけるには、もっと時間がかかるはずだ」と語りかけた。

マガーマンもブラウンにうまく転がされていることは分かっていたが、それでもお世辞をそのまま受け止めて、さらに貢献する方法をせっせと探した。IBM時代にマガーマンは、会社のコンピュータのメモリーやリソースをモニターする「スクリプト」（いくつかの命令からなる短いリスト）を開発して、もっとも性能が良いがさほど使われていないお偉方のコンピュータを無断で利用し、外部のプログラミングコンテストに参加するなど非公認の活動をおこなっていた。また自分の活動の痕跡を消去する巧妙な方法を見つけ、その自作のプログラムを、一九八三年のハッカー映画『ウォー・ゲーム』に登場する人工知能コンピュータにちなんでジョシュアと名付けた。

だが結局、IBMの重役に見つかってひどく叱られ、このコンピュータは政府との最高機密契約のもとで購入したものであって、機密情報が収められていた可能性があると告げられた。そして、連邦法違反で通報するぞと脅された。

するとマガーマンは、会社と政府の内密の関係を盾にして、「私が知っていたはずはありませんよね？」と言い返した。

マガーマンは当然ハッキングを続けたが、頭に血が上った重役のコンピュータは避け、コンピュータのパワーがもっと必要なときには代わりに別のマシンを利用した。

ルネサンスに来てから、その同じモニタリングツールを書き換えた。ルネサンスにはIBMと違って十分に活用されていないコンピュータなど一台もなかったが、マガーマンは、少なくともいつかは自分のプログラムが役に立つかもしれないと考えた。そもそも衝動を抑えられなかった。

「この会社で一番欠かせない人間になりたかったのさ」

マガーマンはルネサンスのシステム管理者をそそのかして、自作のモニタリングシステムを走らせるバックドア〔コンピュータに侵入できる裏口〕を作った。そして誇らしげに椅子にもたれかかり、称賛の言葉を待った。しかし高揚感はつかの間しか続かなかった。突然、驚いた同僚たちの叫び声が聞こえてきたのだ。自分のコンピュータの画面を見たマガーマンは、あんぐりと口を開いた。自作の未承認のモニタリングプログラムがコンピュータウイルスをばらまいて、それが取引時間中にルネサンスの数々のコンピュータに感染して障害を引き起こし、すべての研究を妨げてしまったのだ。社員たちが大慌てで危機に対応する中、マガーマンは決まり悪そうに、混乱の原因は自分にあると認めた。

社員たちは怒り狂った。株式チームはいっさい稼いでいないばかりか、バカなことをしでかしてネットワークをクラッシュさせたのだ！

顔を真っ赤にして怒るブラウンは、マガーマンに詰め寄って、「ここはＩＢＭじゃねえんだ！」と怒鳴った。「俺たちはここで大金を取引してるんだ！　バカをやって邪魔したら、全部台無しになっちまうんだぞ！」

正式入社から数週間で、マガーマンは突然のけ者になってしまった。仕事で思い悩み、このままルネサンスにいても未来はあるのだろうかと疑うようになった。

「仲間として、とんでもないへまを犯したもんだ」とマガーマンは言う。

タイミングも最悪だった。その頃、ブラウンとマーサーの新たな株式トレーディングシステムは、理由が分からないまま手痛い連敗をこうむっていた。何かがおかしかったのだが、それが何なのかは誰にも突き止められなかった。いまだに収益を積み重ねている先物グループのメンバーは、その原因は新たに雇った「ただのコンピュータ野郎」にあると噂した。ルネサンスですら、この言葉は悪口に使われたのだ。

シモンズは人前では自信のあるふりをして、根気強く続けるよう株式チームを励ました。一九九五年夏のあるグループミーティングでは、ショートパンツにサンダル履きというでたちでも威圧的な存在感を放ちながら、「続けるしかないんだ」とけしかけた。

しかし心の内では、時間を無駄にしているのではないかと疑っていた。もしかしたらチームはけっして株式をものにできず、ルネサンスは比較的小規模な先物トレーディング会社で終わる運命にあるのかもしれない。ラウファーやパターソンなど先物グループのメンバーも、すでに同じ結論に達していた。

「もう何年もたっていた。もし俺が采配を振るっていたら、きっとやめさせていただろう」

とパターソンは言う。

厄介者から救世主へ

いまだに頑固な楽天主義者だったシモンズでも、さすがにもう限界だと判断した。そしてブラウンとマーサーに最後通告をした。

「六カ月以内にシステムを完成させなければ打ち切る」

ブラウンは夜遅くまで解決法を探し、オフィスに据え付けた折りたたみ式ベッドで眠った。マーサーはそこまで長時間は働かなかったが、同じく没頭した。それでも問題点を見つけられなかった。このトレーディングシステムは、少額を運用している限りはかなりの収益を上げたが、シモンズがレバレッジをかけて取引規模を大きくすると、収益は消えてしまった。ブラウンとマーサーのシミュレーションからは、規模を大きくしても儲かるはずだという結果ばかりが出てきたが、実際の取引となると、数年前のフライ自身のトレーディングと同じく負けつづけたのだ。

マーサーは冷静で平然としている様子だったが、ブラウンは神経を尖らせ、周囲の人たちを不安にさせた。

「二日か三日、負けが続くたびに、終わりの始まりだっていう感じがした」とチームのあるメンバーは言う。

度重なる失敗をはたから見ていたマガーマンは、手を貸したくてうずうずしていた。この窮地から救えれば、高く付いた以前の失敗を取り返せるかもしれない。ここで自分から助力を申し出るべきでないことは十分に分かっていた。それでも昼夜を問わず、自分なりにコードをじっくり吟味した。そのとき住んでいたアパートはかなり散らかっていて、ガスレンジも使えず、冷蔵庫もたいていほとんど空だったので、オフィスのほうが居心地が良く、そこで手を貸す術を探した。

ある日の夕方、何時間もぶっ通しでコンピュータの画面を見つめていたせいで目がかすんでいながらも、マガーマンはある奇妙なことに気づいた。ブラウンとマーサーのトレーディングシステムに使われていたシミュレーションコードのある行で、スタンダード・アンド・プアーズ五〇〇種平均株価（S&P500）が異常に低い値になっていたのだ。そのテストコードに使われていたのはどうやら一九九一年の値だったらしく、現在の値のおよそ半分だった。マーサーはその値を、市場動向に伴って更新される変数としてではなく、定数として書いてしまっていたのだ。

マガーマンがそのバグを修正して値を更新させると、数式に由来する第二の問題がコードの別のところに現れた。マガーマンは夜を徹して手を加え、その問題も解決できたと判断した。そうして、ようやくこのシミュレーターのアルゴリズムは、どれだけの借金を使って株式を買い足すべきかを含め、ノバのシステムにとって理想的なポートフォリオを提案できるようになった。少なくともマガーマンの計算では、そうして出力されるポートフォリオは大きな収益を上げそうだった。

興奮に打ち震えたマガーマンは、自分の発見について伝えようとブラウンのもとに駆け寄った。ブラウンは息を切らした同僚に深い疑いのまなざしを向けたが、ともかく話を聞くことにした。だが聞き終えても、ほとんど何とも思わなかった。そもそもそのシステムはマーサーがコーディングしていた。誰もが知っているとおり、マーサーは、とくに数学的な事柄に関してはめったに間違いなんて犯さない人間だ。マガーマンはうなだれてこそこそと引き下がった。かつての大失敗で厄介者というレッテルを貼られていて、救世主になるなんてけっして思われていなかったのだ。

何も失うものがなかったマガーマンは、自分の出した結果をマーサーのところへ持っていった。すると目を通してもらえることになった。マーサーは椅子に腰掛けてコンピュータに覆いかぶさりながら、古いコードとマガーマンの新しいコードを一行ずつ丹念に見比べていった。すると徐々に顔がほころんできた。そして机から紙と鉛筆を取り出して、ある数式を計算しはじめた。マガーマンの結果をチェックしようとしたのだ。一五分ほど殴り書きをした末に、マーサーは鉛筆を置いて顔を上げた。

そして「お前の言うとおりだ」とマガーマンに言った。

マーサーはブラウンにも説明し、マガーマンが問題を解決したことを納得させた。ところが、明らかになった問題とその解決法をほかの社員たちに話しても、彼らは信じようとせず、はては笑い出す始末だった。後輩のプログラマーが問題を解決したって？　雇われてから数週間後にシステムをクラッシュさせたあの野郎が？

ブラウンとマーサーはそのような疑念を無視し、シモンズの後ろ盾を借りて改良点や修正点を取り入れたシステムを再起動した。すると即座に収益が上がり、疑いは晴れた。長い連敗がようやく終わった。マガーマンはついに望みどおりの評価を受け、ブラウンから背中を叩かれてねぎらわれた。

シモンズは週一回のミーティングで語気を強めた。「素晴らしい。進みつづけよう」

マガーマンにとっても会社にとっても、新たな時代が間近に迫っているように思われた。

第11章

株式トレーディングへ

さらなる収益を求めて

ジム・シモンズは神経を高ぶらせながら廊下を歩いていた。

一九九七年夏のこと、シモンズは特別な段階に近づいているのではないかと感じていた。いまやヘッジファンドのメダリオンは、おもにコモディティや通貨、債券や株価指数の先物取引によって、九億ドルを超える資産を運用していた。これらの投資商品をすべて取引するヘンリー・ラウファーのグループは、連勝を続けていた。もっとも都合の良い曜日や、一日のうちでもっとも理想的な時刻に買うといった、ラウファーの鍵となる戦略は、いまだに勝ちを重ねていたのだ。シモンズのチームはまた、さまざまな投資商品の二日間の値動きを図表にまとめる技術も完成させていた。

いまやシモンズは、ピーター・ブラウンとボブ・マーサーが率いる総勢一〇人のチームも統計学的アービトラージ戦略によって危機を脱したことを確信し、一年前の息子の死にいまだ苦しめられる自分の気を紛らわせてくれると感じはじめていた。株式トレーディングによる収益は月数百万ドルと取るに足らなかったものの、シモンズは、ノバをメダリオンと合体させて、ほぼあらゆる投資商品を取引する単一のヘッジファンドを構築しようという気になっていた。

しかしシモンズと彼のチームは、いまだ市場を解き明かせてはいなかった。メダリオンは一九九七年に二一パーセントの収益を上げたものの、その前年の三二パーセントよりは少し低く、さらに前年の一九九五年は三八パーセント超、一九九四年は七一パーセントもの大幅な収益を上げていた。チームのトレーディングシステムはいまだ深刻な問題にたびたび陥っていた。ある日など、データ入力のエラーによって小麦先物を本来の五倍も買って、価格を吊り上げてしまった。社員らがおどおどしながら翌日の『ウォール・ストリート・ジャーナル』を広げると、アナリストたちはその価格急騰の原因を、ルネサンスの手違いでなく小麦の不作に対する不安に帰していた。

それからしばらくして、パターソンの力を借りて株式オプションの取引のための新たなモデルを構築したが、さほど収益が上がらず、シモンズは不満を募らせた。

そこであるとき、会議の席でパターソンに言った。「ニック、お前のオプションシステムには助けが必要だ。もっと改良する必要がある」

そして、バーナード・L・マドフ・インベストメント・セキュリティーズという成長中の企業が、株式オプションの取引で着実に莫大な収益を上げていると指摘した。

「マドフが何をやってるか見てみろ」

その批判にパターソンは腹を立て、シモンズにチクリと言い返した。「ならバーニー（バーナード・マドフ）を雇ったほうがいいんじゃないか」（この数年後にシモンズは、マドフの桁外れの運用成績に疑念を抱くようになり、マドフのファンドに投資していた資金を引き揚げた。そして二〇〇八年、マドフは史上最大のねずみ講をおこなっていたことを認めた）。

収益を逃していることに思い悩んだシモンズは、新たなアイデアを提案した。経済学や金融学や心理学の分野では、査読済みの学術論文が毎年何万本も発表されている。金融市場の内部構造を掘り下げて大きな収益を上げる手法を実証した論文も数多くあるが、歴史の中に埋もれてしまっている。そこでシモンズは、ブラウンやマーサーなど上級幹部に毎週、論文を三本ずつ割り当て、読み込んで内容を理解して発表させることにした。いわば、セックスや殺人の代わりにお金に情熱を燃やす、クオンツたちの読書会だ。

だが結局、何百本か読んだところであきらめた。論文に書かれていた戦術は興味深いものだったが、学者が提案したそれらの戦略の有効性をメダリオンの研究者が確かめてみると、推奨された取引の多くは収益を上げなかったのだ。これだけたくさんの論文を読んでも期待外れだったことで、社内では、金融市場の動向を予測する能力に対して悲観的な思いが強まった。

「金融の専門家が、これこれの理由で市場が上向くと話しているのを聞いたら、そんなの全部ナンセンスだってことを思い出してくれ」とブラウンはのちに語っている。

限りなくオープンな組織を作る

シモンズは、毎週の会合を率いたり、社員たちとおしゃべりをしたり、ストーニーブルックのハイテク企業支援施設にある狭苦しいオフィスでラウファーやブラウンやマーサーと話し合ったりする折には、ＩＤＡで暗号解読に携わっていた頃や、ストーニーブルック校で優秀な数学者たちと研究していた頃に編み出して長年守ってきたいくつかの原則を、ことあるごとに強調した。いまやそれらの原則をルネサンスに丸ごと当てはめていたのだ。

一つの重要な原則が、次のようなものだった。科学者や数学者が申し分のない結果を生み出すには、人と交流して議論し、自分の考えを知ってもらう必要がある。分かりきった教訓に聞こえるかもしれないが、ある意味では過激だった。ルネサンスの優秀な社員の多くも以前は、他人とチームを組むのでなく個人の研究に没頭することで成果を上げ、評価を得ていた。それどころか、才能のあるクオンツというのは、他人と一緒に働くのをもっとも嫌がる人種かもしれない（業界にはこういう有名なジョークがある。「社交的な数学者は、会話するときに自分の靴でなくて相手の靴を見つめるものだ」）。

ライバルのトレーディング会社の多くは、この問題への対処法として、研究者らに殻に閉じこもって仕事をさせ、ときには互いに競わせることもあった。しかしシモンズは別の方法論にこだわった。メダリオンでは単一の一体的なトレーディングシステムを使うというやり方だ。お金を生み出すアルゴリズムのソースコードを、社内ネットワークですべて平文で読めるようにし、全社員がすべての行にフルアクセスできるようにしていた。最高幹部しかアクセスできないような箇所は一つもなく、誰でも試しにトレーディングシステムを修正して改良することができた。シモンズは、研究者たちが自分のプロジェクトを一人で抱え込むのでなく、互いにアイデアをやり取りすることを望んだ（しばらくのあいだは秘書たちもソースコードにフルアクセスできたが、最終的にそれは好ましくないということになった）。

シモンズは並々ならぬオープンな企業文化を生み出した。社員たちは同僚のオフィスに立ち寄っては、何か提案をしたり共同研究を始めたりした。たとえ行き詰まっても、新たなプロジェクトに移ってしまうのでなく、情報を共有して助けを求めることで、有望なアイデアをシモンズいわく「無駄に」しないようにした。定期的にグループで集まっては、進展具合を細かく議論したり、シモンズの鋭い質問に対応したりした。ランチ時にはほとんどの社員が、近所のレストランに出前をしてもらって狭いランチルームに集まり、一緒にランチを食べた。シモンズは年に一度、社員たちを夫婦でエキゾチックなリゾート地へ招待し、仲間意識を深めさせた。

気持ちを掻き立てる上では、仲間からのプレッシャーが大事だった。研究者やプログラマーたちは、かなりの時間をプレゼンテーションに費やした。同僚を感心させること、あるいは少なくとも同僚の前で恥をかかないことに情熱を燃やし、困難な問題に取り組んでは巧妙な方法を編み出すことに掻き立てられた。

「あまり前進していないとプレッシャーを感じた。そうして自尊心が揺さぶられた」とフライは言う。

社員が会社全体の成功に専念するよう、シモンズは報酬を活用した。社員には六カ月ごとにボーナスが支給されたが、それはメダリオンの収益が一定レベルを上回ったときに限られていた。何年ものあいだ報酬が支払われたことで、優秀な人材も逃げ出すことはなかった。新たなシグナルを発見したのか、データをクリーニングしたのか、あるいはもっと目立たない業務をおこなったのかは、問題ではなかった。何かしら優れた業績を上げてメダリオンが好調であれば、ルネサンスの収益に基づいて明快な公式で計算されるボーナスポイントが与えられた。

ルネサンスのインフラの最高責任者だったグレン・ホイットニーは、次のように言う。

「年の初めに自分の公式を知らされる。式は全員同じで、いくつか係数が地位に応じて違うだけだ。もっとボーナスが欲しいって？　それなら、自分にできる方法でファンドの収益を増やす。予測の鍵を見つけたり、バグを直したり、コードを高速にしたり、廊下の反対端の女性にコーヒーを持っていってすごいアイデアを教えたり、何でもいい……。ボスが君のネクタイを気に入ったかどうかじゃなくて、ファンドがどれだけの成績を上げたかでボーナスは決まるんだ」

贅沢には無関心な社員たち

シモンズは自社株を分配しはじめた。まずは一〇パーセントをラウファーへ、のちにかなりの割合をブラウンとマーサー、および最高財務責任者となったマーク・シルバーらに譲渡し、シモンズの会社所有権は五〇パーセント強にまで下がった。トップの業績を上げた社員たちも、自社株を購入して会社の所有権を持つことができた。社員はメダリオンに投資することもでき、それがおそらく最大の役得だった。

シモンズはとてつもないリスクを負っていた。やり手の研究者たちは、分け前を広く施す平等な組織の中で働くことで、自分が抜きん出るのが難しくなり、不満を募らせかねない。システムのコードにフルアクセスできれば、社員が会社を捨ててライバル企業に入り、ルネサンスの秘密を漏らしかねない。しかし、ほとんどの社員は学問の世界出身の博士で、ウォール街にはあまり馴染みがなかったため、寝返る可能性は比較的低いとシモンズは信じていた。また、とてつもなく厳しい終身秘密保持契約と非競争契約を結ばせたことで、その危険性はさらに下がっていた（のちに、それらの契約だけでは、社員が会社の知的財産を持ち出して寝返るリスクをゼロにはできないことを思い知らされることとなる）。

取引を実行する昔ながらのトレーダー何人かを除いて、ルネサンスの社員の多くは裕福になることを最優先にはしていないようだった。一九九六年、就職面接にやって来た著名なコンピュータ科学者のピーター・ワインバーガーは、これから会う研究者たちを値踏みしようと駐車場を見渡した。そして思わず笑い出した。

「古くて安っぽい車ばっかりだった。サターン、カローラ、カムリ」とワインバーガーは言う。

社員の中には、その日、ファンドが得をしたのか損をしたのかを知らない人すらいた。ルネサンスのウェブページのどこに月ごとの運用成績が書かれているのか見当がつかない人までいた。彼らはメダリオンが連敗中もそのことに気づかずに、のんきに社内をうろついて、もっと問題に意識を集中させている社員たちをむっとさせた。

社員の中には、膨らみつづける資産に戸惑う者もいたようだ。一九九七年、何人かの研究者がランチルームでおしゃべりをしていると、その中の一人が、誰かファーストクラスを使っている人はいないかと訊いた。するとその場が静まりかえった。誰一人乗ったことがない様子だった。やがてようやく、一人の数学者が気まずそうに声を上げた。「俺は使ってるよ」とその数学者は認めたが、言い訳をせねばと思い、「妻がどうしてもって言うんだ」と付け足した。

ルネサンスが求める人材

メダリオンはめざましい収益を上げていたものの、人材の確保は難題だった。就職希望者の中で、ルネサンスについて耳にしたことのある人はほとんどいなかった。しかも、ひとたび会社に所属すれば、個人としての評価を犠牲にして、けっして名声や称賛を浴びることのないプロジェクトに携わるしかない。ほとんどの学者はそんな考え方に馴染みがなかった。シモンズやニック・パターソンらは、才能のある人材を口説くために、自分たちの仕事の良い面を強調した。たとえば、多くの科学者や数学者は生まれつき難題を解くのが好きだということを踏まえて、ルネサンスの幹部たちは、トレーディングに関する難しい問題を解決した際の報酬について説明した。ヘッジファンドの仲間意識やペースの速さに惹きつけられる人もいた。学者は何年もかけてじっくりと学術論文に取り組むものだが、それと対照的にシモンズは、数日とは言わないまでも数週間で結果を出すよう求め、その切迫さが魅力となったのだ。社内は打ち解けていて学究的ながら、真剣な雰囲気だった。ある訪問者は「試験期間がずっと続いているようなものだ」と形容した。[1]

IBM時代のマーサーは、音声認識の分野で科学者たちがいわゆる「口先の芸」に頼って前進したふりをしていることに失望していた。それに対してルネサンスでは、マーサーも同僚たちも誰かを欺くことなどできなかった。

マーサーはサイエンスライターのシャロン・マグレインに次のように語っている。

「一日の終わりに銀行にお金があるかないかのどっちかだ。成功したかどうか考え込む必要なんてない。……すごくやりがいがある」[2]

採用面接の手順には、自分の業績について議論したり、確率論などの分野に関係する難しい問題に取り組んだり、会社に馴染めるかどうかを確かめたりと、場当たり的な側面があった。志願者の多くは、四五分間にわたって五、六人の社員から厳しい質問を浴びせられたのちに、社員全員を相手に自分の科学研究について講演をするよう求められた。シモンズとパターソンがもっぱら雇おうとしたのは、数々の業績を誇る経験豊富な学者か、または立派な学術論文を仕上げて博士号を取ったばかりの人物だった。大物志願者でもプログラミングのテストに合格しなければならず、その採用条件からうかがい知れるとおり、入社したら全員がプログラミングに携わって、ほかの会社では雑用とみなされる業務にも関わることとされていた。同僚と仲良くやっていくことも求められた。

「相性が大事だ。家族の一員になるみたいなもんだ」と現在のある幹部は言う。

「シグナル」の見つけ方

メダリオンに携わる社員たちは一九九七年までに、統計的に有意な金儲け戦略、彼らが呼ぶところの「トレーディングシグナル」を発見するための三段階のステップを確立していた。第一ステップは、過去の価格データの中に異常なパターンを見つけること。第二ステップは、そのアノマリーが統計的に有意で、時間経過にかかわらず一貫していて、ランダムでないのを確かめること。第三ステップは、特定されたその価格の挙動を合理的な方法で説明できるかどうかを見極めることである。

しばらくのあいだルネサンスは、研究者自身が理解できるようなパターンにもっぱら賭けていた。ほとんどのパターンは、価格や取引規模などの市場データのあいだの関係性におけるもので、投資家の過去の挙動などの要因に基づいていた。成功を重ねた戦略の一つが、相場の揺り戻しに賭けるというものだった。価格が突然大きく変動した投資商品の約六〇パーセントが、少なくともある程度はもとの価格に戻ることが分かったのだ。変動性の高い市場で価格が急に変動してからある程度もとに戻ると、メダリオンはその揺り戻しによる収益のおかげでとくに高い運用成績を上げた。

だが一九九七年には、シモンズのチームが見つけるトレーディングシグナルの半数以上が「非直観的」、つまり彼ら自身も完全には理解できないものとなっていた。ほとんどのクオンツ企業は、原因を説明するための合理的な仮説を立てられないようなシグナルは無視するものだが、シモンズらは、市場で起こる現象の原因の探究に多くの時間を費やすことをけっして好まなかった。統計的有意性のさまざまな指標を満たすシグナルであれば、気にせずにそれに賭けた。避けたのは、とりわけて不合理なシグナルだけだった。

ルネサンスのある幹部は次のように言う。

「取引規模÷三日前の価格変動、それは採用だ。だが、Aから始まる略号の銘柄が儲かるといったような、無意味なものは採用しない」

だからといって、彼らも理屈が通らない取引を望んだわけではない。統計的に有効な戦略を見つけようとしただけだ。説明できる理屈がなさそうでも繰り返し現れるパターンは、いわばおまけのようなものだった。ライバルがそのようなパターンを見つけて取り入れるとは思えなかったし、そもそものような取引には手を出そうとしなかったからだ。「とても強くてとても理屈が通るシグナルだったら、それはずっと前に取引しつくされているだろう。その一方、理解できないけれど確かに存在していて、比較的強いシグナルというものもある」とブラウンは説明している。[3]

理屈が通らない戦略を採用することには、明らかな危険性があった。その前提となるパターンが、無意味な偶然の一致に由来しているかもしれないのだ。データを十分に長いあいだ解析していれば、莫大な収益を生み出すように思えるものの、実は単なる偶然の産物であるような取引など比較的簡単に見つかってしまう。クオンツはそのような誤った方法論を、「データ・オーバーフィッティング」と呼ぶ。クオンツ投資家のデビッド・ラインウェーバーは、裏付けがほとんどないシグナルに頼るのがいかに愚かであるかを強調するために、バングラデシュの年間のバター消費量とアメリカのチーズの生産量、そしてバングラデシュとアメリカの羊の頭数のデータを組み合わせることで、アメリカの株式の利回りを九九パーセントの精度で予測できることを見いだした。[4]

ルネサンスの研究者がしばしば取った解決法は、そのような頭を抱えるシグナルをトレーディングシステムに組み込みながらも、少なくとも初めのうちはそれに割り当てる運用額に制限を掛けておいて、そのアノマリーが現れる原因の解明に取り組むというものだった。

多くの場合はやがて理にかなった説明が見つかり、それによってメダリオンは、その現象を見過ごしていたライバルに先んじることができた。最終的には、理屈にかなったシグナルと、統計的に強いが意外な取引、そして、奇妙だが無視できないほど信頼性の高いいくつかのシグナルを組み合わせたところに落ち着いた。

「『これは理にかなっていそうな何らかの挙動に対応しているんだろうか』って考えるんだ」とシモンズは数年後に説明している。[5]

天文学者が強力な観測装置で絶えず銀河系を探索して異常な現象を探すのと同じように、ルネサンスの科学者は、金融市場をモニターするプログラムを組み、コンピュータをせっせと動かして、見過ごされていたパターンやアノマリーを探した。有効なパターンや異常が見つかったら、その取引にどれだけのお金を賭けるかを決めた上で、そのシグナルをシステムに組み込み、それ以降はいっさい干渉せずに成り行きに任せた。この頃にはメダリオンは、システム自らが学んだ戦略への依存度を高めていた。一種の機械学習である。コンピュータに十分なデータを与えて訓練し、自ら答えを吐き出させるようにするのだ。誰かが判断しなくても、さらには意識すらしなくても、たとえば一貫して勝ちを重ねる戦略が自動的に多くのお金を受け取るようになるというしくみである。

メンバーたちの変化

シモンズは、いまだ少額の運用にとどめていながらも、統計的アービトラージチームの将来性にどんどん夢中になっていった。そしてルネサンスの未来に対する自信を膨らませ、ゆったりとした牧歌的な森の景色が望める、木材とガラスでできた近郊の一階建ての複合施設に会社を移転した。本社には、スポーツジム、照明付きのテニスコート、暖炉を備えた図書室、梁《はり》がむき出しの大きな講堂を設置し、シモンズはその講堂で二週に一度、おもに金融とはほぼ無縁の学者を招いてセミナーを開いた。二〇人ほどが詰めるトレーディンググルームは会議室ほどの大きさしかなかったが、食堂や共通スペースは広々としていて、社員が顔を合わせて話し合ったり議論をしたり、ホワイトボードに数式や図表をびっしりと書き込んだりすることができた。

統計的アービトラージの株式取引が上向くにつれて、ブラウンとマーサーはオフィスの中で改めて自己主張を強めるとともに、IBM時代の元同僚たちをチームに誘い込みはじめた。「会社を辞めて俺たちの技術的トレーディング企業に入らないか？」とブラウンはあるIBM社員にEメールを書いた。

まもなくして、双子のデラ・ピエトラ兄弟を含め五、六人ほどの元ＩＢＭ社員がルネサンスに加わった。デラ・ピエトラ兄弟はくるみ割り人形の膨大なコレクションで知られていた。兄のスティーブンは同僚たちに、グループメールには自分の名前を弟の名前よりも先に書くよう要求した。そんな兄弟は、株式トレーディングシステムの中で、複数のプログラムやコンピュータネットワーク、および数十万行のコードに依存している部分の高速化を成し遂げた。

熱心で精力的なブラウンは、会議から会議へと急いで渡り歩くために廊下を一輪車で移動し、同僚たちを何度も轢《ひ》きかけた。自分のオフィスに置いた折りたたみ式ベッドのそばのコンピュータで夜通し仕事をして、疲れたらうたた寝をした。ある日の夜遅く、込み入ったプロジェクトにハイの状態で取り組んでいると、急を要する疑問が出てきて、自宅にいる部下に電話をかけようと受話器をつかんだ。だがダイヤルを回す前に同僚に止められた。

「ピーター、かけちゃだめだ。午前二時だぞ」

するとブラウンはいぶかるような顔をして、なぜだめなのか説明しろと突っかかった。

そこで同僚は、「あいつは午前二時に質問に答えなきゃいけないだけの給料はもらってないんだ」と諭した。

「よし、なら給料を上げよう」とブラウンは答えた。「でも、それにはやつに電話をかけるしかないな！」

ブラウンの妻マーガレット・ハンバーグは、ニューヨーク市の衛生局長を六年間務め、ＨＩＶ感染予防のための注射針交換プログラムなどいくつかの運動を立ち上げた。一九九七年に子供たちと一緒にワシントンＤＣへ移り住み、連邦保健社会福祉省の上級職に就いて、のちに連邦食品医薬品局長官となる。ブラウンは毎週末にワシントンへ飛んで家族と過ごしていたが、この頃には仕事に割く時間をますます増やしたらしく、それを見たグループのメンバーは負けずに集中力を発揮せねばというプレッシャーを感じた。

友人から夕食に誘われても何週間も気の良い返事をしなかったとき、ブラウンは「家族から離れているときは仕事をしたいんだ」と言い訳した。

分析的で感情を表に出さないマーサーは、落ち着きのない相棒の気を静めるのにうってつけの人物だった。仕事は熱心に進めたが、たいてい午後六時頃には帰宅した。そしてオフィスの外での出来事に関わるようになった。何年か前、一番下の娘へザー・スーにせっつかれて、自宅近くのフットボール場に娘を連れていき、おもちゃのフットボールを地面の上に支えてプレースキックの練習をさせた。

「一回キックすれば娘は満足するだろうと思っていた」とマーサーはある記者に語っている。[6]

ところが、娘が蹴ったボールはゴールポストのあいだを通過し、父親は仰天した。ヘザー・スーは高校で先発キッカーとなり、デューク大学に入学してフットボールの代表チームの選手枠を勝ち取り、女性として初めて1部リーグの選手に登録された。しかし翌年、コーチによってチームから外された。のちにそのコーチは、ライバルチームのコーチから女性がキッカーであることをバカにされて、気恥ずかしくなったのだと認めた。ヘザー・スーは一九九八年に卒業後、デューク大学を女性差別のかどで訴え、二〇〇万ドルの懲罰的賠償金を勝ち取った。

オフィスでは、マーサーは新たな性格の一面を見せはじめた。社員は一緒にランチを食べるときに、論争を招くような話題はたいてい避けていた。しかしマーサーはそうではなかった。仕事の会議中に口を開くことはほとんどなかったが、食事の席では異常なほど饒《じょう》舌《ぜっ》になったのだ。金本位制を支持するという発言や、銃の所有者が増えれば犯罪は減ると主張するジョン・R・ロットJr.の著書 *More Guns, Less Crime*（『銃を増やせば犯罪は減る』）に共感を覚えるといった発言には、マーサーの保守的な考えがにじみ出ていた。一方、ほかの社員たちはもっと改革的な考え方だった。

ある日、マーサーは、「ガソリンの値段が上がっている。……どうにかして抑え込むべきだ」と言った。

マーサーは、多くがリベラルや自由至上主義者である同僚たちを面白がって煽《あお》り立て、過激さを増していく主張で彼らをあきれさせた。

「クリントンを牢屋《ろうや》に入れるべきだ」とある日のランチでマーサーは言った。ホワイトハウスの実習生モニカ・ルインスキーとの関係により、一九九八年に偽証および司法妨害の罪で告発されたビル・クリントン大統領のことである。マーサーはクリントンを「レイプ犯」や「殺人者」と呼び、大統領がＣＩＡとともに極秘の麻薬密売計画に関わっていたとする陰謀論を何度も説いた。

ほとんどの同僚は、激しい論争に巻き込まれないようその場を離れた。しかし政治マニアのパターソンなど何人かは、ランチのテーブルに残ってマーサーと議論を戦わせた。パターソンは、賢い科学者がこんなに根拠薄弱な持論を抱くことがあるのかと唖然《あぜん》とした。のちにマーサーの同僚たちは、さらに別の理由で驚かされることとなる。

ライバルＬＴＣＭの破産

インターネット時代が本格的に始まった一九九〇年代半ば、シリコンバレーは活況を呈していた。ウォール街では投資銀行やトレーディング会社が、コンピュータの専門家やＩ

Qの高い科学者、数学の博士を雇いはじめ、定量的戦略が収益につながることをようやく確信するようになった。だがシモンズとそのチームは、この業界のレーダースクリーン上ではいまだちっぽけな輝点にすぎなかった。それは意図的な面もあった。シモンズは、自分たちの大成功の手法を競争相手が取り入れはしないかと気を揉《も》み、社員らに戦術を秘密にするよう指示したのだ。

シモンズは少々不気味な口調でたびたび社員に釘《くぎ》を刺した。

「NSA〔国家安全保障局〕では、情報漏洩《ろうえい》に対する刑罰は懲役二五年だ。残念なことに俺たちにできるのは、お前らをクビにすることだけだ」

ブラウンは社員や投資者の口封じに取り憑かれていった。あるとき、訪問してきた日本の大手保険会社の代表者が、後から聞き返して一言も漏らさず訳せるようにと、会議室のテーブルにテープレコーダーを置いた。するとそこに入ってきたブラウンは、そのテープレコーダーを見て切れかけた。

「テーブルにレコーダーがあるじゃないか！」と叫んで、訪問客とルネサンスの顧客担当者を驚かせたのだ。

ブラウンは狂乱に近い状態で、担当者を部屋から引きずり出した。

そして少し怯《おび》えた様子で、「誰にも録音させるな！」と怒鳴った。

困った担当者は訪問客に、テープレコーダーをオフにするよう丁重に頼むしかなかった。みな少々やり過ぎの感があった。この時点では、シモンズとそのチームが何をもくろんでいるのか、誰もさほど気に留めてはいなかったのだから。投資家たちの視線を集めていたのは、シモンズの最大のライバル、ロングターム・キャピタル・マネジメント（LTCM）とDEショーだった。

元数学教師のジョン・メリウェザーが創業したLTCMも教授陣を揃《そろ》え、その中には、MITで学んだ金融学博士でコンピュータマニアのエリック・ローゼンフェルドや、のちにノーベル賞を受賞するハーバード大学のロバート・C・マートンとスタンフォード大学のマイロン・ショールズもいた。全員が知的でほとんどの人が内向的であるそのチームは、過去の債券の価格をダウンロードして、見過ごされていた関係性を掘り起こし、将来の値動きを予測するコンピュータモデルを作った。

メリウェザーのグループもルネサンスと同じく、市場全体や個々の投資商品が騰落どちらへ向かうかは気にしなかった。コネチカット州グリニッジに本拠地を置くLTCMは、互いに似た投資商品のあいだなどに見られる価格のアノマリーがモデルによって特定されるたびに、その異常が収束して解消されることに賭けた。LTCMが好んでおこなった取引としては、過去の水準を下回った債券を買って、それと類似だが値が高すぎると思われる債券を空売りするというものがあった。これらの債券の価格が収束するのを待って、収益を得るのだ。LTCMは収益を増やすために、大量のレバレッジ、つまり借金によってポジションを増やした。リスクの高い大口の取引を避けて、安全と思われる一〇〇〇件ほどの小口の取引をおこなっていたこともあって、銀行も進んで貸付をした。

投資家たちは、LTCMの擁する天才オールスターチームに魅了されて、このファンドに資金を注ぎ込んだ。一九九四年に創業したLTCMは、最初の三年間で平均五〇パーセント近い収益を上げて、一九九七年夏には運用資産が七〇億ドルに迫り、シモンズのメダリオンを大きく引き離した。ライバルたちが独自のアービトラージ取引を増やすと、メリウェザーのチームはさらに新たないくつかの戦略に移行した。その中には、合併株取引やデンマークの抵当権取引など、ほとんど経験のないものもあった。

一九九七年夏、年に一度のゴルフ旅行ののちにLTCMの共同経営者たちは、市場での取引機会が減っているので資金のうち約半分を引き揚げるしかないと発言した。すると顧客たちは冷静さを失い、メリウェザーら社員に「どうか私のお金を守ってください」とすがった。

LTCMのモデルは、ロシアの事実上の債務不履行によって世界市場がパニックに陥るなど、一九九八年夏に起こった数々の衝撃的な出来事に対して備えができていなかった。

それらの出来事に伴うリスクを抱えた投資商品から投資家たちが手を引くと、あらゆる資産の価格が予想外の反応を示したのだ。ＬＴＣＭの計算では一日に三五〇〇万ドル以上の損失を出すことはないはずだったが、この年の八月、金曜日一日だけで五億五三〇〇万ドルもの資産を失った。そして、ものの数週間で数十億ドルが消えた。

メリウェザーと同僚たちは、モデルの予測どおり価格は過去の水準に戻るはずだと信じ、投資者に電話して出資額を増やすよう頼んだ。しかし、黒いシルクのシャツが好きで体重は一三〇キロ超、金の首飾りとピンクの指輪を身につけた、友人でベテラントレーダーのビニー・マットーネのもとを訪ねると、メリウェザーは現実を思い知らされた。

「いまどのあたりだ？」とマットーネはぶっきらぼうに尋ねた。

「半分下がった」

するとマットーネは「ならおしまいだ」と答え、メリウェザーをたじろがせた。

「半分下がったら、人は全部下がるんじゃないかって思うもんだ」とマットーネは説明した。「そして市場をお前に不利な方向へ動かしていく。……お前はおしまいだ」[7]

そのとおりとなった。ＬＴＣＭの純資産が一〇億ドルを下回ってレバレッジが急増すると、このファンドの破綻が金融システムを道連れにしかねないと恐れた連邦準備銀行が介入してきた。そうしてＬＴＣＭの支配権は銀行のコンソーシアムに移された。わずか数カ月のうちにメリウェザーと同僚たちは二〇億ドル近い個人資産を失い、経歴にけっして消えない傷跡を残した。

この大失態を目の当たりにした投資家たちは、コンピュータモデルを使った体系的な方法で取引をするというアイデアそのものに幻滅した。

その一カ月後に雑誌『ビジネスウィーク』は次のように言い切った。

「定量的投資そのものの評判が長期的に失われている。たとえ今秋に彼らクオンツが復活しても、その多くは、変動性の低い収益を高い信頼性で生み出せると言い張ることなどできないだろう[8]」

DEショーも巨額の損失

DEショーはこうした災難からたいした影響は受けないだろうと思われていた。コロンビア大学のコンピュータ科学教授だったデビッド・ショーが、投資家ドナルド・サスマンの支援のもと創業したこのヘッジファンドは、一九九八年には社員を数百人も抱えるまでに成長していた。ショーがモルガン・スタンレーで編み出した統計的アービトラージ株式取引戦略に基づいて、この会社は創業以来、平均一八パーセントの年間収益を上げた。このファンドがニューヨーク証券取引所の全取引の約五パーセントを占める日もあった。DEショーのポートフォリオはマーケット・ニュートラルで、株式市場全体の変動には左右されなかった。

DEショーの雇用方針はルネサンスとは違っていた。志願者の専門分野に関する専門的で具体的な質問に加え、頭をひねらないと答えられないパズルや、場面状況に応じた数学の課題、あるいは、かつてのテレビ番組 *Let's Make a Deal*（『さあ取引しよう』）から生まれた有名なモンティ・ホール問題など、確率論の難問も解かせた。社員の多くはイギリスのSFテレビドラマ『ドクター・フー』が好きで、カジュアルな恰好をし、ウォール街の型枠からはみ出していた。

一九九六年、雑誌『フォーチュン』の特集記事は次のように論じた。「DEショーはウォール街でもっとも興味深くて謎めいた会社だ。……究極のクオンツ工房、数学者やコンピュータ科学者など定量分析に専念する人たちの巣である」。DEショーを含めいくつかのクオンツ企業が成長するにつれて、ニューヨーク証券取引所は自動化を強いられ、電子株取引が進歩し、最終的に株式は一セント刻みで取引されるようになって、すべての投資家にとって取引コストが減少した。

ショーは社外での活動に時間を費やしはじめ、アル・ゴア副大統領やビル・クリントン大統領に技術政策に関する助言をするようになった。

会社も新たな事業に乗り出した。初のフリーEメールサービス、ジュノーを立ち上げ、またバンカメリカ・コーポレーションとジョイントベンチャーを設立して一四億ドルを借り入れたのだ。DEショーのヘッジファンドはその借入金の一部を二〇〇億ドル相当の債券ポートフォリオに充てるとともに、インターネット銀行などさらに新たな事業に注ぎ込んだ。[9]勢いづいたショーは、六〇〇人を超える社員を雇い入れ、ニューヨーク、東京、ロンドン、サンフランシスコ、ボストン、そしてインドのハイデラバードに設置した、中央の大広間に彫刻が立ち並ぶ最先端のオフィスに配属した。

ところがその後、一九九八年秋の市場に大混乱が襲ってきた。数カ月のうちにDEショーは債券ポートフォリオで二億ドルを超える損失を出し、二五パーセントの社員を解雇して事業削減を強いられた。のちに復活して投資界の有力者として再び台頭するが、この会社がこうむった災難とLTCMの巨額の損失は、シモンズとルネサンスにとっていつまでも残る教訓となった。

反面教師

パターソンらは、ライバルたちが突然つまずいた原因を詳しく分析した。メダリオンは一九九八年に四二パーセントの収益を上げ、その秋にほかの投資家たちがパニックに陥る中でも儲けを出したが、パターソンは、自社がLTCMと同じ過ちを犯さないという確証を得たいと思った。確かにルネサンスはメリウェザーの会社に比べて借金が少なかったし、LTCMの取引はシモンズの好みと違って、ある一定の時間枠の中でおこなう必要があった。ルネサンスは経済学者でなく数学者やコンピュータ科学者を雇っていて、そこもLTCMと違うもう一つの要素だった。

とはいえ似ている点も多くあったため、さらに深い教訓を引き出すのは当然必要だった。パターソンと同僚たちにとってLTCMの破綻は、「トレーディングモデルを信用しすぎるな」というルネサンスのスローガンをますます裏付ける出来事だった。確かに会社のシステムは機能しているようだが、どんな数式も誤りを犯すことがある。この一件によって、ルネサンスのリスク管理の方法論はさらに強固となった。ある戦略がうまくいかなくなったり、市場の変動性が急上昇したりしたら、ルネサンスのシステムは自動的にポジションとリスクを下げる。たとえば一九九八年秋にメダリオンは、先物取引を二五パーセント減らした。それに対してＬＴＣＭは、戦略がつまずいたときに、取引規模を削減するどころか増やすことが多かった。

「ＬＴＣＭの根本的な間違いは、モデルが真実だと信じてしまったことだ」とパターソンは言う。「俺たちはけっして、自分たちのモデルが現実を反映しているだなんて信じていなかった。現実のいくつかの側面でしかなかった」

さらにＤＥショーとＬＴＣＭは、完全に理解していなかったり、ほとんど経験がなかったりするような市場にも足を踏み入れてしまった。たとえばデンマークの抵当権やオンラインバンキングなどだ。これを教訓にシモンズのチームは、新事業に参入するのでなく自分たちの方法論を磨き上げる必要があるのだと再認識した。

原因不明の急落

ブラウンやマーサーらがシステムに注力しながらも、いまだ株式トレーディングは、ルネサンスの一九九八年の収益のうち約一〇パーセントしか占めていなかった。シモンズは株式チームに運用成績をもっと上げるよう迫ったが、ルネサンスの推進力はやはりヘンリー・

ラウファーの先物取引だった。そこでデビッド・マガーマンは、例のごとく状況を一変させるヒーローになろうとした。

マガーマンは初めのうちは、ブラウンとマーサーの株式トレーディングシステムが収益を上げるのを阻むコンピュータのバグを特定して修正する役割を担う一人にすぎなかった。やがてもっと責任を託されるようになり、メダリオンの「生産」、つまり実際の株式取引に使うソフトウェアの設計者として頭角を現した。そしてこのときには、システムのあらゆる変更の監視役、あらゆる改良に欠かせないプレイヤー、そして一〇人ほどの博士を束ねるボスとなっていた。

マガーマンの役割ははっきりしていた。給料も良かった。さらにその働きぶりは、ブラウンとマーサー、そしてシモンズからこの上なく称賛されていた。マガーマンは次々に増える給料で衣装ダンスを充実させ、マーサーを真似てサスペンダーまでつけるようになった。以前から、男性権力者に認められたいという思いが意欲の源だっただけに、高く評価されたことに感激していた。

成功を重ねるマガーマンだったが、マーサーの家族、とくに、ルネサンスに入社してマガーマンのもとで働いていたマーサーの真ん中の娘レベッカが、よそよそしい態度を取っていることに気づきはじめた。もはやレストランに行ったりマーサーの家に招待されたりすることはなく、戸惑っていた。あるとき、交友関係を取り戻そうと便箋《びんせん》五枚におよぶ手紙を書いたが、返事は来なかった。何があったのか見当もつかなかった。そこで考えられる原因を当たってみた。もしかしたら、トレーディンググループでの仕事についてレベッカ——何と言ってもボスの娘だ——を人前で叱りつけ、新たな同僚の前で恥をかかせたのかもしれない。

「当然、叱る理由があると思ったんだ」とマガーマンは言う。

あるいはこの仲違いは、会社の夏の旅行のせいだったのかもしれない。レベッカが焼きもちを焼くのを承知の上で、ヘザー・スーとカヌーに乗って良い雰囲気になったからだろうか。理由はどうあれ、マーサーの娘たちと妻のダイアナは、もはやマガーマンと口をきこうともしなかった。

「マーサーの家や家族主催の行事では、俺は歓迎されざる人物だった」

マガーマンはロバート・マーサーとの関係は良好に保とうと、自分の仕事に集中することにした。そして一九九九年、会社の株式トレーディングを司《つかさど》るコンピュータコードに手を加えて効率を高める方法を編み出した。ところがその直後、メダリオンの先物取引が勝ちから負けに転じた。社員は何が起こったのかを解明しようと大慌てになったが、マガーマンには分かっていた。不注意で間違いを犯し、またもや会社全体に影響をおよぼす強力なバグを解き放ってしまったのだ。

〝俺のせいだ！〟

マガーマンは何週間も自分を責め、どうしてあんなバカな間違いを犯したのかと思い悩んだ。マガーマンの属する株式トレーディンググループとヘンリー・ラウファーの先物グループとで共通するコンピュータコードはあまり多くなかったが、マガーマンはなぜか自分が犯人だったと確信していた。そこで、今度は間違いを悟られないよう夜を徹して修復に取り組んだが、自分が作ったバグを見つけることはできなかった。

その四半期末にメダリオンは顧客らに、わずかだが予想外の損失を出し、一〇年間で初めて四半期の運用成績が悪化したと伝えた。マガーマンは、いつクビになるかと心配するあまりほとんど眠れなかった。

「気がおかしくなりそうだったよ」とマガーマンは言う。

セラピストにかかったところ全般性不安障害と診断され、神経を鎮めるためのセッションを週一回受けはじめた。すると徐々にメダリオンの収益が回復し、マガーマンも気持ちが落ち着いて、そもそも損失の原因は自分ではなかったのだろうという考えに至った。

二〇〇〇年一月、メダリオンは過去数年間でもっとも高い一〇・五パーセントの月間収益を上げた。三月上旬には、テクノロジー株、とくにインターネット関連企業への熱狂のうねりの中で、ナスダック総合株価指数が史上最高値に達したことで、メダリオンの収益は七億ドルを超えようとしていた。

ところがその後、マガーマンと同僚たちに重大な困難が降りかかった。三月一〇日、投資家心理を変えさせるようなニュースが何もないのに株価が急落し、ＩＴバブルがはじけたのだ。一カ月後、ナスダック指数は二五パーセント下落し、最高値から七八パーセントも下がった。メダリオンは説明のつかない損失に見舞われた。三月のある一日だけで約九〇〇〇万ドル、翌日にはさらに八〇〇〇万ドル失ったのだ。それまでメダリオンが一日に五〇〇〇万ドル以上の損失を出したことは一度もなかったため、社内はピリピリしはじめた。

誰もが心配したのは、損失が積み上がっていくことだけではなかった。これほど悪い事態になった理由もはっきりしなかったのだ。メダリオンのポートフォリオにはコモディティや通貨や債券の先物が含まれていたし、株式ポートフォリオも、市場全体の変動を避けるために、相殺し合うポジションからおもに構成されていた。損失が起こるはずはなかったのだ。しかしトレーディングシグナルの多くが、機械学習を通じてシステムが独自に編み出したものだったため、問題の正確な原因も、どの時点でうまくいかなくなりはじめたのかも、容易には特定できなかった。機械が暴走したかのようだった。

シグナルを見限る

急落のさなか、一人の就職希望者がロングアイランドのオフィスを訪れ、パターソンら何人かの面接を受けた。翌朝、その志願者が適任かどうかを話し合うためにパターソンらは集まったが、誰一人、その志願者と会ったことすら覚えていなかった。度重なる損失で研究者たちは茫然自失になっていたのだ。

マーサーは平常心を保ち、まるで何事もなかったかのように同僚たちと接した。しかしブラウンはそうではなかった。これほど大きな突然の損失を、それまで経験したことがなかったのだ。感情的で興奮しやすいブラウンは、恐怖心の高まりを隠しきれなかった。夜も眠れずに、一晩中コンピュータをチェックしてはトラブルに合わせて更新しようとした。オフィスでは顔色が悪くて明らかに寝不足で、同僚たちをぎくりとさせた。友人たちが言うには、自分の開発した株式トレーディングシステムから損失が生じたことに責任を感じていたという。

暴落三日目、車で出勤してきたマガーマンは、コンピュータで株式先物の水準をチェックして、またもやショックに見舞われた。再び恐怖の一日が始まろうとしていたのだ。マガーマンは吐き気まで催しはじめた。そして、すでにシモンズら最高幹部と緊急会議を開いていたブラウンとマーサーに、ますます問題が悪化しつつあることを警告しにいかなければと思った。重いドアをゆっくりと開けて、一〇人ほどの幹部でいっぱいになった窮屈な会議室に入ると、ビデオ会議のスクリーンに世界中の幹部らの顔が映し出されていた。長いテーブルの一番前に、険しい表情で集中しているシモンズが座っていた。マガーマンは身をかがめてブラウンの耳元でささやいた。

「さらに九〇〇〇万下がった」

ブラウンは凍りついた。メダリオンの損失が三億ドルに迫ったのだ。動揺したブラウンは恐怖すら感じた。そして必死の思いでシモンズを見た。

「ジム、どうすべきだろう？」

シモンズはブラウンら幹部を落ち着かせようと、いずれ運が上向くはずだと自信を見せた。

「モデルを信じるんだ。モデルに任せるべきだ。パニックになったらだめだ」

その後、シモンズは社員たちに、会社のトレーディングシステムは試練の時への備えができていると念を押した。しかも彼らに打てる手はほとんどなかった。メダリオンは約八〇〇〇銘柄もの株式を取引していたため、急いでポートフォリオを変えることなどできなかったのだ。

さらに何日か徹夜の作業が続いた末に、二人の研究者が問題の原因に関する仮説を導いた。以前は信用していたある戦略が、お金を搾り取っているというのだ。それはかなり単純な戦略だった。前の週にある株式が反発したら、その急騰が続くという仮定のもとで、メダリオンのシステムはその株式を買い増すよう学習する。このトレンドのシグナルは何年ものあいだ機能していて、メダリオンはさらに高値を追いかけるナスダックの株式を自動的に買っていた。ところが、冷酷な下げ相場に入っていたにもかかわらず、このシステムのアルゴリズムはますます株式を買うようメダリオンに指示していたのだ。

シモンズはトレーディングシステムの判断を覆さないことが重要だとたびたび力説していたが、市場が危機に陥った際にはいくつかのシグナルに頼ることをやめ、コンピュータプログラムを調節することとすら良しとしない研究者たちを悔しがらせていた。しかしこの期におよんでは、彼ら社員でさえ、有効でないシグナルを見限るのに賛成した。そもそも彼らのシステムは、短期の値動きを予測するのに秀でているのであって、問題のシグナルの対象である長期の値動きには適していなかった。彼らは市場の勢いに乗っかるモメンタム戦略をすぐさま見捨て、損失を食い止めた。そしてまもなく、再び収益が積み上がりはじめた。

しかしブラウンは動揺したままだった。そして大きな損失の責任を感じて、辞職を申し出た。だがシモンズは辞職願を却下し、「モデルを一〇〇パーセント信頼しちゃだめだと学んだんだから、お前はますます貴重な人材になった」とブラウンを励ました。[10]

驚きの収益に

二〇〇〇年秋、メダリオンの成功の噂が世間に広がりはじめた。その年、メダリオンは九九パーセントもの収益を上げたのだ。しかもこの収益率は、顧客から徴収する、収益の二〇パーセント相当および投資額の五パーセント相当の運用手数料を差し引いた値である。いまや運用資産は四〇億ドルに近づいていた。それまでの一〇年間にわたって、メダリオンと一四〇人の社員は、ジョージ・ソロス、ジュリアン・ロバートソン、ポール・テューダー・ジョーンズなど投資界の大物が運用するファンドよりも高い成績を上げていた。同じく注目すべき点として、メダリオンは過去五年間で二・五というシャープレシオを記録し、多くの競争相手と比べて収益の変動性とリスクが低いことを示していた。

ガードを緩めたシモンズは、雑誌『インスティテューショナル・インベスター』のライター、ハル・ラックスの取材を受けることを承諾した。初めはニューヨークの自分のオフィスでコーヒーを飲みながら、それからロングアイランドのルネサンス本社でジントニックをちびちびやりながら、シモンズは、今後も収益を上げつづけるという自信を示した。

「俺たちがやっていることに終わりはない。悪い年はあるかもしれないし、ときにはひどい年もあるかもしれないが、俺たちが発見した原則は有効だ」

ブラウン、マーサー、ラウファーも、めったにない歴史的なチャンスが手の届く先にあることに自信を持っていた。そしてそれを活かすために、新たな社員を雇うよう迫った。

ある上級社員は同僚に次のように説いた。「市場は非効率性にまみれている。俺たちは賭けつづける」

新たに雇ったその社員たちによって、この会社は、シモンズも同僚たちもけっして予想していなかったような形で変貌していくこととなる。

第2部

お金がすべてを変える

第12章

盗まれた秘密

人間不在の完全自動システム化

二〇〇一年、ジム・シモンズのヘッジファンドには何か並々ならぬことが起ころうとしていた。新たな種類の情報の分析を始めたことで、ルネサンスの収益は積み上がっていた。非成立のものも含めすべての取引注文、各社の年間および四半期の収益報告、企業幹部による株式取引の記録、政府報告、そして経済予測や経済学の論文を収集したのだ。

しかしシモンズはもっと欲しがった。そして「ニュース速報で何かできないか」とグループ会議で問いかけた。

すぐに研究者らは、新聞や配信ニュースの記事、インターネットへの投稿、さらには、海外での保険金請求などの深く埋もれたデータを追跡し、定量化が可能で予測に使えるかどうかを確かめられるたぐいの情報を片っ端から集めはじめた。メダリオンはいわばデータを吸収するスポンジと化し、年間一テラバイト(一兆バイト)の情報を吸い取っては、それを残らず処理、保存、解析するための高価なディスクドライブとプロセッサーを購入し、信頼に足るパターンを探した。

「データが多いことに勝るデータはなし」とマーサーはある同僚に説き、この言い回しは会社の裏スローガンとなった。

マーサーはのちに次のように説明している。

「ルネサンスの目標は、未来の全時点において株式などの投資商品の価格を予測することだ。三秒後、三日後、三週間後、三カ月後のことを知りたい」

マーサーいわく、たとえばセルビアでパンが不足しているという新聞記事が出たら、ルネサンスのコンピュータは、パン不足と小麦価格上昇の過去の事例を調べ上げて、さまざまな投資商品がどのように反応したかを見極める。[1]

新たな情報の中には、たとえば企業の四半期の収益報告など、たいして活用できないものもあった。しかし、株式アナリストによる収益予測や各企業に対する彼らの見方の変化に関するデータは、ときに役に立った。決算発表後の株式取引のパターンを観察したり、企業のキャッシュフロー、研究開発費、株式発行などの要素を追跡したりするのも、有用であることが分かった。また、良いニュースか悪いニュースか、あるいは単なる噂にすぎないかは関係なしに、ある企業が配信ニュースで何回取り上げられたかというかなり単純な指標を設けることで、チームは予測アルゴリズムを改良した。

マーサーらにとって、株式トレーディングには音声認識といくつもの類似点があることがはっきりしてきた。それもあってルネサンスは、ＩＢＭの計算言語学チームから人材を引き抜こうとしつづけた。どちらの取り組みでも目標は、不確実で雑多な情報を処理して、次に何が起こるかを高い信頼性で推測できるモデルを作ることである。そのためには、そこまでデータにこだわらない分析しかしない従来型の人間は無視しなければならない。

取引が電子化されて、人間のディーラーや仲買人が排除されるにつれて、メダリオンは次々と数を増す電子ネットワークに活動の場を広げ、売買をもっと簡単かつ効率的におこなえるようにした。ついにシモンズは、人間がほとんど介在しない完全自動システムを構築するという本来の目標に近づいたのだ。

社員たちは、超短期のシグナルを導いて数秒やそれ以内に取引をすることに熱中しはじめ、のちにその手法は「高頻度トレーディング」と呼ばれるようになる。だがルネサンスのコンピュータは、市場で他社を出し抜くにはあまりに動作が遅かった。メダリオンは一日一五万件から三〇万件の取引をしていたが、そのほとんどは、ほかの投資家の先手を打って収益を得るためではなく、市場価格に影響をおよぼさないよう小規模の売買をおこなうためのものだった。シモンズとそのチームは、投資だけをしているのでもなければ、高頻度取引《フラッシュボーイズ》に没頭する連中でもなかったのだ。

何と呼ぶにせよ、運用成績はめざましかった。メダリオンは二〇〇〇年に九八・五パーセントの収益を上げたのち、二〇〇一年には三三パーセント成長した。比較として、株式市場のバロメーターとして広く使われているS&P500は、この二年間で平均〇・二パーセントしか上昇しなかったし、ライバルのヘッジファンドの収益も七・三パーセントにとどまった。

シモンズのチームはいまだ、ほとんどの投資家のレーダーにはかからないような低空を飛行していた。雑誌『インスティテューショナル・インベスター』の二〇〇〇年の記事には、「あなたはジム・シモンズの噂を聞いたことはないかもしれないが、彼にとってはそれで結構だ。しかも、聞いたことがないのはあなた一人だけではない」と記されている。[2]

それでもブラウンとマーサーのシステムが十分にうまく機能したおかげで、新たなアルゴリズムを開発して検証しては、既存の単一のトレーディングシステムに組み込むことができた。新たな社員たちは、カナダ、日本、イギリス、フランス、ドイツ、香港、およびもっと小規模なフィンランド、オランダ、スイスの各市場に、予測に利用できるシグナルを見つけはじめた。外国市場はアメリカの市場に追随することが多いが、完全に歩調を合わせて変動するわけではない。これらの新たな市場から得られたシグナルと、メダリオンの中核トレーディングシステムに組み込まれた既存の予測アルゴリズムとが組み合わさることで、並々ならぬことが起こったらしい。メダリオンの取引と市場全体との相関性が下がって、収益の変動が小さくなり、また主要な金融市場との関連性も弱まったのだ。

投資の専門家がポートフォリオのリスクを判断する際には、変動性に対する収益の指標であるシャープレシオが一般的に使われる。シャープレシオは高いほど好ましい。メダリオンのシャープレシオは一九九〇年代の大半を通じて約二・〇と高く、S&P500の水準の二倍だった。しかし外国市場のアルゴリズムを追加してトレーディング手法を改良したところ、二〇〇三年前半には約六・〇と、大手クオンツ企業の約二倍に急上昇し、このファンドで一年間のうちにお金を失うリスクはほとんどないと思わせるような値となった。

シモンズのチームは、いわば投資の聖杯を発見したかのようだった。変動性および市場全体との相関性が比較的低い分散的なポートフォリオから、莫大な収益を上げたのだ。以前にも似たような特徴の投資手法を編み出した人は何人かいたが、そのポートフォリオはみすぼらしいものだった。シモンズと彼のチームはそれまで誰もできなかったことを成し遂げた。五〇億ドルもの規模のポートフォリオで、このような驚きの運用成績を上げたのだ。

この成功によって、新たな可能性の扉が開かれた。

「バスケットオプション」という新兵器

ピーター・ブラウンはオフィスを歩き回りながら、このヘッジファンドで株式への投資の規模を増やすにはどうすればいいか、その術を見つけようという決意を固めていた。しかし、二〇〇〇年前半の痛々しい損失と、そのとき対処に戸惑った記憶が、いまだ頭から離れていなかった。さらに大きい市場の大混乱から会社を守る方法が必要だった。

ブラウンは幸運だった。銀行が将来性を感じ取ってルネサンスに好意的だったのだ。ルネサンスは、収益は莫大だし、波乱を起こすこともないし、幅広い市場との相関性も低いと、さまざまな面で理想的な貸付相手だった。そこでブラウンは、レバレッジを増やして収益を拡大させるという計画を立て、シモンズもそれを了承した。その結果、ルネサンスは積極的に借り入れをするようになった（住宅購入者が銀行残高よりも高い住宅を買うためにローンを組むのと同じように、メダリオンのようなヘッジファンドも、収益を増やすために、借金をして投資ポートフォリオを資本金よりも大きくする）。

銀行は財布のひもを緩めて貸付基準を下げていった。世界的に金利が下がって住宅市場が活気づいたことで、貸し手は、信用実績に傷があったり実績がなかったりする借り手にまで、積極的なローンを次々に勧めはじめた。それに比べるとルネサンスは、何よりも長期の取引と短期の取引をもっぱら同規模でおこなうことで、市場の暴落に伴うリスクを抑えていて、安全な投資先に思われた。それもあってドイツ銀行とバークレイズ銀行は、「バスケットオプション」という新たな投資商品をルネサンスに売りはじめた。それは、ブラウンの問題を完璧な形で解決してくれそうだった。

バスケットオプションとは、複数の株式からなる「バスケット」の運用成績に価格が連動する金融商品である。多くのオプションは単一の株式や金融商品に基づいて価格が決まるが、バスケットオプションは一群の株式に連動する。もととなる株式が値上がりすれば、オプションの価格も上がる。実際には所有していない株式をあたかも所有しているかのようなものである。バスケット内の株式を法的に所有していたのはこの二つの銀行だが、実質的にはメダリオンの資産だった。メダリオンのコンピュータが銀行に、どの株式をバスケットに入れてどのように取引するかを指示するのだ。ブラウン本人も、そのためのコードを書くのに手を貸した。メダリオンのコンピュータは両銀行に一日中自動的に指示を送り、ときには一分おき、さらには一秒おきに注文を出すこともあった。一年ほどすると、メダリオンはこのバスケットオプションを使いこなすようになり、株式による収益の多少にかかわらず、関連するコストは下がったと主張した。[3]

バスケットオプションは、メダリオンの収益を大幅に引き上げるための巧妙な手段となった。ヘッジファンドが従来の貸付で借りられる額には証券会社などによる制約があったが、メダリオンはオプションのおかげで、ほかの手段で許されるよりもはるかにたくさんのお金を借りることができた。競争相手は一般的に、資産一ドルあたり約七ドル相当の金融商品を所有していた。それに対してメダリオンはオプション戦略によって、資産一ドルあたり一二・五〇ドル相当の金融商品を所有でき、収益の出る取引を見つけられる限りはライバルにやすやすと勝つことができた。二〇〇二年の市場下落の最中など、とくに儲かりそうなチャンスを見つけたときには、レバレッジを増やして一ドルあたり二〇ドル近い金融商品を保有し、ポートフォリオを意図的に増強させた。二〇〇二年、メダリオンの運用資産は五〇億ドル超だったが、オプションのおかげもあって、市場全体の低迷をよそに二五・八パーセントの収益を上げ、投資ポジションは六〇〇億ドルを超えた（S&P500が二二・一パーセント下落したこの年には、インターネット企業が次々に倒産した上、投資・エネルギー企業エンロンと通信大手ワールドコムの破綻の影響が残っていた）。

オプションは、巨大なリスクをルネサンスから銀行へ移す手段でもあった。バスケットオプション取引のもととなる証券を法的に所有していたのは貸し手なので、突然暴落した際にメダリオンが失うお金は、最大でも、オプションのために支払った手数料と銀行に預けている担保だけだった。それは数億ドルに相当する。これに対して銀行は、メダリオンが深刻な困難に陥った際には数十億ドルの損失に見舞われかねなかった。貸付に携わった銀行幹部の言葉を借りれば、メダリオンはオプションによって株式ポートフォリオを「がっちりとした柵で囲う」ことで、ラウファーによるいまだ活発な先物取引などほかの部門を守り、予想外の事態が起こってもルネサンスが存続できるようにした。ある行員はその貸付条項に衝撃を受けて、資産の損失を最大でも約二〇パーセントに抑えられると気づき、自分の貯蓄の大部分をメダリオンに移したくらいだった。

銀行は重大なリスクを受け入れたものの、慎重になるべき理由はいくつもあった。その一つが、メダリオンの戦略がなぜうまくいっているのか、銀行には見当もつかなかったことである。それに加えて、わずか数年前のLTCMの破綻によって、怪しげなモデルに頼ることの危うさが教訓として深く刻まれていた。

ブラウンは、バスケットオプションにはもう一つきわめて大きな利点があることに気づいた。事実上の取引は数日または数時間しか続かないにもかかわらず、もっと有利な長期キャピタルゲイン税が適用される形に取引を合わせることができたのだ。というのも、オプションは一年後に行使され、実際に長期取引として申告できたからだ(短期キャピタルゲインに対する税率が三九・五パーセントだったのに対し、長期キャピタルゲインでは二〇パーセントだった)。

社員の中には、この計略に不快感を抱いて「合法だが間違っている」と言う者もいたが、ブラウンらは法律顧問のお墨付きを盾に貫いた。しかし何年か後に内国歳入庁が、バスケットオプションによる収益を長期キャピタルゲインと申告したのは不適切であると判断する。

そして、この取引を許可したシモンズらルネサンス幹部の納税額は、本来の額より六八億ドルも少なかったと申し立てた。二〇一四年には上院の小委員会も、ルネサンスが複雑な制度を「悪用」して「数十億ドルを不正に節税した」と断定した。ルネサンスは内国歳入庁の見解に異議を唱え、二〇一九年夏の時点で論争は継続中である。

ほかのヘッジファンドも独自の節税策をひねり出し、中にはバスケットオプション契約に似たしくみを用いるところもあった。しかしルネサンスのようにバスケットオプションに頼りきる会社は一つもなかった。二〇〇〇年代前半までにオプションはルネサンスの秘密兵器となり、そのあまりの重要性に、何人ものプログラマーと約五〇人の社員が銀行との連携に専念した。

みんながお金持ちに

科学者や数学者にとっても、お金は魅力的だ。かつては大金を稼ぐことに二の足を踏んでいた者も含め、ルネサンスの社員たちは、徐々に勝利を楽しみはじめた。ある社員は、コンピュータの画面の隅に現在の収益額（ときには損失額）を時々刻々と表示させるウィジェットを開発した。その数字が変わるとともに社内の雰囲気も変化した。

「慌ただしかったし気も散った」とある社員は言う。
収益とともに社員らの支出も増えていった。多くの科学者が近くのオールドフィールド地区に大邸宅を購入したため、そのエリアはルネサンス・リビエラと呼ばれるようになった。シモンズは、ロングアイランド湾を望むイーストセタウケットに広さ一四エーカー〔約五万七〇〇〇平米〕の屋敷を所有し、その見晴らし窓からはコンシャス湾にたたずむサギの見事な姿が見えた。ヘンリー・ラウファーは、ロングアイランド湾に面した幅四〇〇フィート〔約一二〇メートル〕以上の敷地を有し、浴室が六つ半ある、広さ一〇エーカー〔約四万平米〕近い5LDKの地中海風の屋敷を、二〇〇万ドル弱で購入した。さらに八〇万ドルで隣の広さ二・六エーカー〔約一万平米〕の区画を買い、自宅の敷地とつなげて巨大な土地にした。同じエリアには、学問の世界を離れてルネサンスの上級職に就いたシモンズのいとこロバート・ラウリーが、娘のために馬術場を造ったが、そのアーチがあまりにも大きく、ロングアイランドに運び込むにはニューヨーク市につながる橋を一つ封鎖せざるをえなかった。[4]
マーサーの大邸宅は長い無舗装道路を走った先にあり、四方が砂地に囲まれていてストーニーブルック港が見渡せた。夫妻はリビングルームに、娘のヘザー・スー、レベッカ、ジェニファーの実物大の肖像画を飾った。[5] 自宅で開かれたヘザー・スーの豪華な結婚披露宴に出席したゲストは、巨大な噴水と華麗なバラ園に見とれながら、前日に退治された何千匹という虫の死骸をよけて歩いた（ボブとヘザー・スーが一緒に写っている写真やビデオがあまりにも多かったため、ゲストの中には誰が花婿だか分からないと冗談を言う人もいた）。

ルネサンスの駐車場にはポルシェやメルセデスなどの高級車が増えたが、トーラスやカムリもまだたくさん止まっていた。重役の中には、ヘリに乗ってニューヨーク市までディナーを食べに行く者もいた。[6] 一方、誰かがランチルームの冷蔵庫に数字の書かれた紙を貼り付けた。自分の報酬がここ一年で何パーセント上がったかを示した値だ。その社員は友人に、これが下がったら自分は辞めると言った。

ある日、研究者何人かが税金の高さに文句を垂れていると、そこを通りかかったシモンズが急に顔をしかめた。

そして、「こんなに稼いでなければ、そんなに税金を払わずに済んだんだ」と吐き捨てて去っていった。

研究者らは毎年数百万ドルや数千万ドルの報酬をもらい、メダリオンへの投資でも同じくらいの額を儲けて、どんどん裕福になっていった。そのため中には、これほどの利益に真っ当な理由付けをしなければと感じる者もいた。そもそもルネサンスの社員の多くは元学者で、身に余る報酬にどうしても疑問を抱いてしまう者もいたのだ。

〝自分はこんな大金に見合う人間なんだろうか?〟

ほとんどの社員は、自分たちの活発なトレーディングによって市場の「流動性」――投資家がポジションを容易に増やしたり減らしたりできること――が上がって、金融システムに寄与していると考えていた。しかしルネサンスが全体的にどの程度の影響を与えているか定かでなかったため、この意見は少々大げさだったといえる。この一方で、自分たちの収益が増えるのに伴って歯医者などほかの投資家が損をしていることにはあえて目をつむり、自分の宝箱をいっぱいにしては寄付活動に専心する者もいた。

「心の中で葛藤があった」と、ルネサンスの研究促進に力を割いた上級幹部のグレン・ホイットニーは言う。

ブラウンは、自分の資産が膨らみつづけることに複雑な思いを抱いていた。同僚たちによれば、長いあいだお金の心配に悩まされていたため、大金はありがたがったという。その一方で、子供たちを莫大な資産から遠ざけておこうと、車はプリウスにしたし、ときには穴の開いた服を着ていた。核兵器削減に取り組む財団で科学者としての職を得た妻も、自分のためにお金を使うことはめったになかった。それでも、資産を隠しておくのは徐々に難しくなっていった。同僚のあいだに広まった噂によると、ブラウン一家がマーサーの邸宅を訪れたとき、当時小学生だったブラウンの息子がマーサーの広々とした家を一目見て父親のほうを向き、困惑の表情を浮かべてこう言ったという。

「パパ、ボブと同じ仕事をしてるんじゃなかったの？」

世代交代

株式トレーディング事業の成長につれて、社内でのブラウンとマーサーの影響力が強まる一方、ラウファーの力は弱まっていった。二つのグループは、リーダーたちと同じく、仕事の慌ただしさがまったく違っていた。ラウファーは、市場に何が起ころうが冷静沈着だった。チームのメンバーは出社するとコーヒーを一杯か二杯飲み、『フィナンシャル・タイムズ』にじっくり目を通してから仕事に取りかかった。彼らのソフトウェアはときどきうまく動かないことがあったため、取引のアイデアをすぐに試して実装したり、新たな関係性やパターンを大量に見つけたりすることはできなかった。それでも、市場が不活況のときでさえ高い収益を上げつづけていた。ラウファーのグループの連中は、そもそもシモンズがなぜファンドを拡大させなければならないのか、完全には納得していなかった。毎年何百万ドルも儲けているのだから、どこに大きな問題があるというのか？

一方、ブラウンとマーサーの部下たちは、夜の時間をプログラミングに費やして、誰が一番遅くまでオフィスに残っていられるかを競い合い、朝には急いで戻ってきて、変更点がどれだけ有効だったかを確かめるという日々だった。ブラウンが一日中全力で仕事をして、夜はキーボードの傍らで眠っているのを見た部下たちは、自分も負けてはいられないと思った。ブラウンは部下の研究者を見下して、マーサーを除くグループの全員に失礼なあだ名を付け、もっと努力しろと一人一人をけしかけた。だが部下たちは、ブラウンの辱めをうまくあしらえることに誇りを持つようになり、彼はやる気を起こさせるためにわざとあのような言葉遣いをしているのだと思い込んだ。当のブラウンは、まるで世界中の重圧が肩にのしかかっているかのように苦しんでいる様子で、誰よりも仕事のことを気に掛けているようだった。それでも快活で愉快なときもあった。ヴォルテールの小説『カンディド』が大好きで、プレゼンテーションの中でたびたびフランス語の風刺文を引用しては社員たちを笑わせた。

ブラウンとマーサーのチームは、先物チームが使っているものに代わる改良型のトレーディングモデルの開発にひそかに取り組んだ。その完成版を見せられたシモンズは、秘密でモデルを作っていたことには不満だったものの、ラウファーのチームが使っているモデルと置き換えるべきだという意見には同調した。

二〇〇三年には、ブラウンとマーサーの株式トレーディンググループの収益がラウファーの先物チームの二倍に達した。わずか数年で目を見張る変化だった。シモンズは上り調子のスターたちに報いるために、ブラウンとマーサーを会社全体の執行副社長に就け、ルネサンスのトレーディング、研究、技術業務全般を共同で監督させると発表した。かつてはラウファーがシモンズの後継者として確実視されていた。しかしここに来てラウファーは、主任科学者の肩書を与えられ、会社の問題点に対処するなどの職務を任された。ブラウンとマーサーは会社の未来を、ラウファーは過去を背負うことになったのだ。

さらに個性を強めるブラウンとマーサー

シモンズは、近郊のポート・ジェファーソンにある、壁一面にウッドパネルを貼った酒場、ビリーズ1890でランチのチーズバーガーをかじりながら、ブラウンとマーサーにそろそろ引退を考えていると打ち明けた。

そして「お前たちが引き継ぐことになる」と言い、二人に共同CEOになってもらいたいと伝えた。[7]

その噂が漏れ伝わってくると、一部の社員が慌てはじめた。ブラウンのチームは彼の悪口をあしらうことができたが、ほかの社員たちはこの男に我慢がならなかったのだ。会計業務と投資者への対応に携わるニューヨークのオフィスの社員にブラウンが電話をかけ、腹立ち紛れに「バカ野郎！」と食ってかかったこともあった。

マーサーはというと、ブラウンとはいつも話をしていたものの、グループの中ではあまりしゃべらなかった。口を開くと、たいていは興奮した言葉になった。以前から部下と議論するのが好きだったが、この頃になると、ランチルームで部下をあからさまに怒らせるようになったらしい。左翼寄りの同僚、おもにニック・パターソンを狙い撃ちにしていたため、社員たちはマーサーのそのいつもの行動を〔「赤狩り」に引っ掛けて〕「ニック狩り」と呼んでいた。

パターソンもマーサーとの議論をおおむね楽しんだ。しかしときには少々深入りしすぎることもあった。ある日、マーサーがパターソンに、気候変動に対する懸念は大げさすぎると言いながら、アーサー・ロビンソンという名の生化学者ほか何人かが書いた研究論文を手渡した。パターソンがその論文を持ち帰って調べてみると、ロビンソンは羊牧場を経営していて、「われわれの健康、われわれの幸福と繁栄、さらにはわれわれの子供たちの学業成績を高めるために」尿のサンプルを何千体も集めて分析するというプロジェクトを、共同で立ち上げていたことが分かった。[8] 論文を読んだパターソンはマーサーに、「これはたぶん間違っているし、見るからに不公正だ」という短信を送った。マーサーからの返事はなかった。

マーサーはとくに何でも数値化するのが好きで、まるで業績やコストなど社会のあらゆるものは、数、おもにドルとセントでしか測れないかのように思っていた。

あるとき、よくニック狩りの標的にしていたコンピュータ担当上級幹部ホイットニーに、「人を罰するのにどうして罰金以外のものが必要だっていうんだ」と突っかかった。

ホイットニーは「何を言っているんだ？」と答えた。

マーサーの発言の中には、完全に耳を塞《ふさ》ぎたくなるようなものもあった。マガーマンの記憶によると、あるときマーサーは、アフリカ系アメリカ人の刑事訴追、学校教育、福祉などに政府がどれだけ支出しているかをはじき出し、代わりにそのお金を使って彼らをアフリカに帰らせられないのかと訴えたという（のちにマーサーはそんなことは言っていないと否定した）。

ちぐはぐなことにマーサーは、オフィスでは科学者として確実な論拠と確定的な証明を求めた一方で、個人的見解となると薄弱なデータに頼った。ある日、広島と長崎にアメリカが原爆を投下してから何年間か両都市の郊外に暮らしていた人たちの寿命が、放射線被《ひ》曝《ばく》によって延びたことを証明したと称する研究結果を真に受けて、人々が思っているほど核戦争を心配する必要はないと思い込んだ。研究者のあいだでその論文は、信用できない疑似科学と受け止められていた。

ランチルームではマーサーが一番の上役だったため、社員の中には、ボスに突っかかるまいとして言いたいことをぐっと堪《こら》える者もいた。あるときマーサーは、無神論者を公言する若い研究者に向かって、自分は進化論を信じていないと言い放ち、創造説を論じた本を手渡した。しかしマーサー自身も神の存在を信じてはいなかった。

「進化論が正しいかどうか判断している時間なんてないんだ」とマーサーはその社員に言った。

ニック狩りの標的を含め、ほとんどの社員は、マーサーのことをただの扇動家と見ていた。愉快なこともあればうっとうしいこともあったが、たいていは害はなかった。しかし、そんな見方ものちに変わることとなる。

これまでとは違う新しい社員たち

シモンズはまだブラウンとマーサーにバトンを渡す準備を済ませてはいなかったが、二人にはより大きな責任を託し、ときには日々のトレーディングをほかの社員に任せるよう指示することもあった。そんな中で新たな社員たちが台頭しはじめ、会社を根底から変えることとなる。

一九九〇年代後半から二〇〇〇年代前半にかけて規模拡大をもくろんでいたルネサンスは、ときにいつもの慣例から外れて、ライバル会社に勤めていた人を雇い入れることもあった。その多くはロシアや東ヨーロッパ出身の科学者だった。その中の一人が、クオンツ・ヘッジファンドのDEショーに勤めていたアレクサンダー・ベロポルスキーである。ニック・パターソンはベロポルスキーを雇うことに強く反対した。ウォール街で働いていたことだけが理由ではなかった。面接で手強い問題をあまりにもすらすらと解き、まるで事前に誰かから指導を受けていたかのようだと、パターソンは感じたのだ。

外国生まれのほかの科学者も、ふつうの志願者なら途方に暮れてしまうような厄介な問題を、人並み外れた才能で見事に片付けた。ホイットニーがお気に入りの問題を出すと、誰もが決まって同じ反応をした。大げさに間を取り、混乱したかのように見せかけてから、突然、才気をほとばしらせて見事な答えを出したのだ。

「ああ、解けました！」

のちにホイットニーは、誰かが外国生まれの志願者に事前に答えを教えていたことを知った。

「やつらはまさに役者だった。俺は引き立て役だったんだと思ったよ」とホイットニーは言う。

メダリオンの社員は莫大な富を手にしたが、二〇〇三年にファンドの運用資産が約五〇億ドルで頭打ちになったことで、自分の報酬をこれ以上増やすのは難しいと気づき、多少の不安に駆られた。ウォール街のトレーダーが一番惨めな気持ちになるのは、最悪の時期ではなく絶好調の時期が終わった後である。「確かに俺はたくさん稼いだけど、誰かは分不相応にもっと稼いでるじゃないか！」と妬《ねた》んでしまうのだ。

ルネサンスでは新人の何人かが、伝説的なコンピュータ科学者ピーター・ワインバーガーなど高給の社員を中傷する運動を始めた。ワインバーガーは一九九六年、ラウファーとともに先物トレーディングに携わるために雇われた。かつてはベル研究所でコンピュータ科学研究のトップを務めていて、AWKというプログラミング言語の開発に貢献したことで知られていた（AWKのWはワインバーガーの頭文字）。しかし新人たちは陰で、ワインバーガーは手法が古臭くて会社に貢献していないと異議を唱えた。

「確かに有名人だけど、いったい何をやってるっていうんだ？」とある新人は鼻であしらった（ワインバーガーは二〇〇三年に会社を去った）。

ベテラン社員の中には、口は悪くても新人社員たちに共感を寄せる者もいた。会社の黎《れい》明《めい》期を共産主義的なルールのもとで過ごしていた多くの幹部が閉鎖的で信用できないのも、もっともだというのだ。外国生まれの科学者はときに、若い頃の自分の苦労を話すこともあった。ただし、新人全員が年上の社員を批判したというわけではないようだ。

それでも会社の進路は変わりはじめ、緊張が高まっていった。

社内に広がる不満

デビッド・マガーマンはまたしても不満を抱いていた。自分の意見を胸にしまっておけない性格は、いまに始まったものではなかった。

初めはシモンズのたばこだった。確かにシモンズは定量的投資の草分けで億万長者、この会社の創業者で株式の過半数を所有している。でも待ってくれ、たばこにはうんざりだ！

マガーマンは、シモンズのたばこのせいでぜんそくが悪化して、会議の後には決まって咳《せき》が出ると感じていた。そこでどうにかしようと腹を決めた。

〝もうごめんだ！〟

ある日、マガーマンはシモンズにこう言い放った。

「ジム、労働衛生安全局に苦情を申し立てるために人を呼んだよ。これは違法だ」

労働衛生安全局とは、職場での法規違反を取り締まる連邦政府機関である。

マガーマンは、シモンズがたばこを吸いつづけるなら、もう会議には出ないと伝えた。だが、察したシモンズが空気中からたばこの煙を吸い込む機械を購入すると、ボイコットは取りやめた。

シモンズがいまだに昔風のトレーダーを何人か雇っていることも、マガーマンの不満の種だった。シモンズはコンピュータトレーディングを信用していたが、不安定な市場で自動化システムを完全に信頼しきることはなく、その姿勢をマガーマンは理解できなかったのだ。ものを投げて苛立ちをあらわにすることもあった。たいていはダイエットコークの空き缶だったが、一度はコンピュータのモニターを投げつけたこともあった。ついにはブラウンに、突っかかるほどの問題じゃないだろうとたしなめられた。

社員の中には、もっと些細《ささい》な問題に色めき立つ者もいた。イーストセタウケットにあるルネサンス本社から数キロ、フロリダより北ではもっとも長い公共のビーチであるウエストメドー・ビーチのそばに、九〇棟のコテージが立ち並んでいた。ストーニーブルック港を見渡せる、いまにも崩れそうなその木造バンガローのうちの何棟かは、ルネサンスの社員の持ち物だった。会社でも一棟所有していた。しかし違法に占拠した公有地に建てられていて、市は取り壊す計画を立てた。それを受けて、コテージの私有権を守るグループがルネサンスの社員の支援によって結成されると、元数学教授で一九九七年に入社したホイットニーは激怒し、市の取り壊し計画を支持するウェブサイトを立ち上げた。マガーマンも

〝Dump the Shacks!〟（掘っ立て小屋を片付けろ！）と書かれたステッカーを印刷して配った。「絶対に間違ってる。公共の公園だぞ！」とホイットニーはランチルームで言い張った。するとマーサーは当然のように逆の立場を取った。

そして、「だから何だっていうんだ？」と言い返してホイットニーらを挑発した。

緊張が高まり、社員の中には自分の子供をホイットニーの子供と遊ばせないようにする者も出てきた。危機にさらされていたのは粗末なコテージだけではなかった。ホイットニーらは、新たな社員がなだれ込んできたことでルネサンスが変容し、思いやりや平等意識が希薄になっていると感じ取ったのだ。掘っ立て小屋は取り壊されたが、怒りは収まらなかった。

二〇〇二年にシモンズは、メダリオンの運用手数料を当年の収益の三六パーセントに引き上げ、一部の顧客の怒りを招いた。それからまもなくして、手数料は四四パーセントに引き上げられた。そして二〇〇三年前半、シモンズはすべての顧客をファンドから追い出しはじめた。規模が大きくなりすぎると運用成績が下がることを以前から恐れていて、自分と社員だけですべての収益を分け合うことを選んだのだ。困難な時期にもメダリオンを見捨てなかった投資者たちは肩を落とした。

ホイットニーやマガーマンらはこの方針に反対した。彼らにとってこの展開は、会社の優先事項が変わりつつあることを示すもう一つの兆しだった。

新旧対立

新たな社員の中でももっとも野望に燃えていたのが、ウクライナ出身の数学者アレクセイ・コノネンコである。コノネンコは一六歳のときにモスクワ大学で学ぶ資格を得てモスクワに移り住み、この一流大学で純粋数学を学んだ。しかし修了前の一九九一年、国中で荒れ狂う反ユダヤ主義を受けた移住の波に乗って、一家でソ連から逃れた。

そしてペンシルベニア州立大学で、同じくロシアからの移住者で尊敬を集める幾何学者のアナトーレ・カトックに学び、一九九六年に博士号を取得した。その後、ペンシルベニア大学でポスドク研究をおこなった。共著で一〇本ほどの論文を書き、ビリヤードの球の軌道について論じたものを含め、そのうちの何本かは大きな影響を与えた。

自信家で社交的なコノネンコは、カリフォルニア州バークレーにある、誰もが憧れる高名な研究機関、数理科学研究所でのポスドクの地位に招かれた。ところがある同僚が祝おうとすると、コノネンコは喜ぶどころか、その新たな地位にがっかりしている様子だった。

ある仲間の研究者は次のように振り返る。

「アレックス［アレクセイ・コノネンコ］は、プリンストンかハーバードかシカゴ大学でテニュアにつながるポストに就きたいと思っていたんだが、あの時点ではそれは現実的じゃなかった。かなりたくさん業績を上げてはいたけど、もっと客観的になって辛抱すれば良かったのにと思う」

コノネンコはほかの研究者よりもお金を重視していたらしい。それはおそらく、ソ連での厳しい境遇を乗り切った末の経済的安定を目指していたからだろう。そんなコノネンコが学問の世界を捨ててルネサンスに加わったと聞いても、仲間たちはショックを受けなかった。ルネサンスでコノネンコはあっという間に出世し、外国株式のトレーディングでさまざまな新機軸に中心的役割を果たした。痩せていてきれいにひげを剃《そ》り、顔立ちが良く、こめかみのあたりに白髪が交じるコノネンコは、同僚たちの見積もりによると、二〇〇二年には年間四〇〇〇万ドルを優に超えるお金を手にし、うち半分ほどは報酬、半分はメダリオンへの投資によるものだったという。そしてその収益の一部を使って見事な絵画コレクションを揃えた。

財産が増えつづけた一方で、コノネンコや何人かの同僚は不満を募らせていった。職務を十分に果たさないのに法外な報酬をもらっている「枯れ木のような」社員があまりにも多いと、不平を垂れたのだ。

ある新人がルネサンスの上級幹部何人かに、「あいつらがどんな貢献をしてるっていうんだ？」と食ってかかる声を漏れ聞いた者もいる。

中には、ブラウンとマーサーまで不要と見る者もいた。その頃には、猛烈な仕事ぶりと絶えずキーボードを叩いていたことが、ブラウンに災難をもたらしていた。手根管症候群《しゅこんかん》にかかってしまい、コンピュータに長時間向き合えないせいで落ち込んでいる様子のときもあった。マーサーも関節痛を患って、仕事を休むことがあった。そんなブラウンとマーサーをコノネンコはこき下ろしていたと、あるベテラン社員は振り返る。ブラウンが少なくとも一人の人物に語った話によれば、コノネンコは、株式ポートフォリオの構成に間違いを発見すると、ブラウンとマーサーに会社の経営を任せるべきだろうかと疑問の声を上げたという。シモンズは幹部二人の肩を持ったが、コノネンコが不遜な態度をとったという噂は広まっていった。

批判はシモンズにまで向けられた。オフィスにいる時間が短いのに会社の収益の半分ほどを受け取っているというのだ。

ある日、一人の社員が廊下でマガーマンに不平を垂れた。

「シモンズはもう何もしていない。俺たちから搾り取ってるんだ」

マガーマンは耳を疑った。

そして、「彼は莫大な報酬を受け取る権利を得ていいるんだ」と答えた。

まもなくしてコノネンコは、中心的役割をシモンズや古参たちからしかるべき新人たちに移す計画を推し進めはじめた。この考えをめぐって会社は二分したものの、シモンズは人事異動を約束した。しかしそれでも不満の声はやまなかった。

会社が変わりはじめた一因は、長年働いていた何人かの社員が去ったことである。市場のパターンの探索に一〇年近く携わったニック・パターソンは、退職してマサチューセッツ州ケンブリッジにある研究機関に加わり、別の種類の複雑なデータ――ヒトゲノム――の解析をおこなってヒトの生物学の知見を広げることを目指した。

やがて会社は小説『蠅の王』の無人島のような趣《おもむき》になった。ベテラン社員は、新人たちが大量の株式を所有している社員を槍玉《やりだま》に挙げて、お金を奪い取ろうとしているのではないかと恐れた。東ヨーロッパ出身の新人の中には、夜遅くまでオフィスにとどまっては会社のツケで夕食をとりながら、どうしてシモンズたちはあんなに報酬をもらっているのかと愚痴を言い合う者もいたという。翌日になると彼らは、株式グループが片付けた仕事を口を揃えて罵《ののし》るのだった。

ブラウンとマーサーの株式チームに属する二人の上級科学者、DEショーの元幹部ベロポルスキーと、その同僚のパベル・ボルフバインは、会社を辞めようとひそかに相談しはじめた。ルネサンスの人事スタッフは重大な過ちを犯していた。ベロポルスキーとボルフバインは重役になったとき、秘密保持契約と非競争契約の書類を渡された。しかし二人は非競争契約にサインをせず、誰もそれに気づかなかったのだ。そうして二人は抜け穴を手にした。

二〇〇三年七月、ベロポルスキーとボルフバインは、あっと驚く行動に出た。億万長者でヘッジファンド運営者のイズラエル・イングランダーが経営するライバル企業、ミレニアム・マネジメントに、さらに資産を増やしてもらえるという約束で転職することにしたのだ。

シモンズは、ベロポルスキーとボルフバインがメダリオンの数百万行のソースコードを入手していることに気を揉み、恐怖に襲われた。秘密が漏れ出してメダリオンが立ち行かなくなると確信したのだ。

「やつらは盗みを働いた！」とシモンズはある社員に怒り混じりに怒鳴った。

二人が去った影響をシモンズが身に染みて感じたのは、真の悲劇に直面してからのことだった。

さらなる悲劇

ニコラス・シモンズは父親の冒険好きの気性を受け継いだ。ジム・シモンズの三男であるニコラスは、大学卒業から一年後の二〇〇二年、ネパールの首都カトマンズで、アメリカのコンサルティング会社の契約社員としてネパール政府の水力発電事業の仕事に就いた。壮観なヒマラヤ山脈への入り口で登山者の楽園であるこの街を心から気に入った。

容貌もハイキング好きも父親似のニックは、ロングアイランドに戻ると両親に、第三世界で働いて、ネパールに貧困層のための診療所を開設したいという思いを伝えた。一人の友人と一緒に世界一周の冒険旅行をして、帰国後に有機化学を学んで医学校を志願するつもりだった。

帰国予定の一週間前、フリーダイビングの拠点である、漁村が延々と連なるバリ島東部の海岸地域に立ち寄った。フリーダイビングとは、スキューバの器材に頼らずに息を止めつづけて潜水する、爽快な水中スポーツである。七月の暖かい日、ニックと友人は代わる代わる水深三〇メートルまで潜り、流れのない澄んだ海中の景色を満喫した。一人が水面から、一人が水中から互いの位置を確認するというフリーダイビングの手順に従って、圧力の変化など大深度での重大な危険を最小限に抑えた。

あるときニックの相棒が、マスクが曇ったので海岸に上がって調節した。すると、そのわずか五分のあいだに、ニックを見失ってしまった。ニックは海底に横たわっていた。海面まで引き上げたが、息を吹き返すことはなかった。深夜、ジムとマリリンは息子の友人からの電話で起こされた。

「ニックが溺れ死んだ」

葬儀でのジムとマリリンは悲しみに沈み、青白い顔をして目の周りに隈《くま》ができていた。参列者の気持ちをさらに暗くするかのように、その晩は激しい雨嵐が吹き荒れて雷が鳴り、ある友人はその様子を「世界の終わりのようだ」と形容した。

シモンズは論理と合理性と科学を頑《かたく》なに信じていた。トレーディングでは賭けをし、偶然がからんだ日々の戦いに挑んではたいてい勝っていた。しかしこのときには、二つの思いがけない悲劇的な出来事に見舞われた。予想外でほぼ起こりえない、外れ値の出来事だった。シモンズはいわばランダム性に殴り倒されたのだ。

職業人生ではこれほど幸運に恵まれながらも、私生活ではなぜこれほどついていないのか、シモンズは必死で理解しようとした。ニューヨーク市の自宅で喪に服していたそんなシモンズを、ルネサンスの重役ロバート・フライはそばに引き寄せて抱きしめてあげた。

シモンズはフライにこう言った。

「ロバート、俺の人生は最高か最悪かのどっちかだ。なぜなんだ」

七年前にはポールの突然の死に打ちひしがれた。ニックの死も同じくらいつらかった。しかし友人いわく、今度のその悲しみには、シモンズがめったに出したことのない怒りの感情が混じっていた。仕事仲間や友人に素っ気ない態度を取るようになり、腹を立てるまでになったのだ。

「息子の死を一種の裏切りと受け取ったんだ」とある友人は言う。

ジムとマリリンは深い悲しみを紛らわせようと、セントジョン島のかなりの土地を購入してそこに移り住み、隠遁《いんとん》しようと言い出した。ときには沈んだ気持ちから抜け出すこともあった。九月に一家で初めてネパールを訪れ、ニックの遺志を継ぐ道を探っている友人何人かと会った。生前のニックはカトマンズに惹かれていて、医学にも関心があったので、友人たちはこの街の病院に産科病棟を建てるための資金を提供した。のちにジムとマリリンはニック・シモンズ協会を設立し、ネパールの僻地《へきち》に暮らしていて基本的な救急サービスすら受けられない人たちに健康管理サービスを提供することとなる。

シモンズはオフィスに顔を出さなくなった。しばらくのあいだ引退を考え、現実逃避のために友人のデニス・サリバンと数学の問題に取り組んで時間を潰した。

「逃げ道だった。頭の中の静かな場所だ」とシモンズは言っている。[9]

シモンズはルネサンスの重役たちに気を払うことができず、社内の亀裂が広がる中でリーダー不在の状態が生まれた。長いあいだくすぶっていた緊張が、いまにも爆発しそうだった。

コノネンコの処遇

ブラウンとマーサーはシモンズの家の玄関を通り、長くて重厚なダイニングテーブルの一方の端に座った。少し遅れてマガーマンやホイットニーらが加わり、テーブルの周りに着くと、シモンズが正面の椅子に腰掛けた。

それは二〇〇四年春のこと、ルネサンスの最高幹部一三人が、ロングアイランドのイーストセタウケットにあるシモンズの広さ二二エーカー〔約八万九〇〇〇平米〕の屋敷に、ディナーのために集まった。誰一人望んで集まったわけではないが、アレクセイ・コノネンコをどう扱うか決めなければならなかった。

コノネンコの振る舞いが社内に大混乱を引き起こしていた。コノネンコは、ブラウンとマーサーからの仕事の指示をたびたび無視していたし、非協力的な振る舞いについて話し合う会合を設定しても、姿を現さなかった。

（同僚たちによるコノネンコとその行動の描写に、コノネンコに近いある人物は異議を唱えている）

しかし、シモンズらは難しい立場に立たされていた。コノネンコとそのもとで働く五、六人の社員を解雇したり叱責《しっせき》したりしたら、ベロポルスキーとボルフバインのように集団離反しかねない。秘密保持契約を守らせるのは難しかったし、非競争契約によってアメリカ国内でのトレーディングは食い止められそうでも、コノネンコらはアメリカの法律の手が遠くおよばない東ヨーロッパに帰国する恐れがあった。

重役たちは磨き上げられた銀食器を手に、肉汁たっぷりのステーキをむさぼりながら美味の赤ワインを口にした。おしゃべりがやむと、シモンズが真剣な表情になった。

「決定を下すしかない」とシモンズが言うと、同席者はコノネンコの「非協力的な」おこないのことを指しているのだと悟った。

ブラウンは色めき立って、コノネンコとそのグループを会社にとどめておく必要があると頑なに主張した。株式の分析に携わる研究者のおよそ三分の一がそのグループに属していて、あまりに重要で手放せないというのだ。しかも、そのグループの教育にはかなりの時間を割いてきたので、辞めさせるには惜しかった。

ブラウンは自信たっぷりに語った。

「あいつは会社の価値を高めているし、このグループは収益を上げている」

ブラウンがこのような見方をしていた背景には、ルネサンスの社員の何人かが抱いていた、コノネンコは喧嘩腰で異常にぶっきらぼうだが、それはロシアで身につけた文化のせいだという心情があった。

マーサーは当然ほとんど口を開かなかったが、コノネンコの規律違反を見過ごすべきだと主張するブラウンらに同調している様子だった。シモンズもコノネンコのチームをとどめておくほうに賛成していた。

「やつらをクビにすることはできる。でもそうしたら俺たちと競合して、俺たちはますます厳しい立場に追い込まれる」

シモンズはコノネンコの振る舞いは良しとしなかったものの、コノネンコをチームプレイヤーに育て上げて、さらにはマネージャーとして活躍させられるのではないかと考えていた。

のちにシモンズは友人に次のように語った。

「あいつは目の上のたんこぶで、難しい決断だった。でも俺たちから何か盗んでいくことはなかった［ベロポルスキーとボルフバインの行為と対比している］」

議論を聞いていたマガーマンは腹が立ってきた。耳を疑った。コノネンコのチームは、ブラウンとマーサーが解雇されるよう企《たくら》んでいた。シモンズに報酬削減を迫って社員全員につらい時期を味わわせ、ルネサンスの繁栄を支えていた協力的で平等な文化をぶち壊していた。そんなコノネンコにシモンズは可能性を見いだしているって？　マガーマンは耐えられなくなった。

そしてシモンズと、続いてブラウンをにらみつけてこう言った。

「むかついた！　やつらをおとなしくもさせないし、クビにもしないっていうんなら、俺は辞める」

マガーマンはホイットニーのほうを向いて助け船を待った。しかし一言もなかった。自分たちが少数派だと分かっていたのだ。ホイットニーも以前、シモンズに個人的に、もしコノネンコがクビにならないのなら自分は会社を去ると伝えていた。しかしシモンズらは、マガーマンとホイットニーははったりを掛けているだけだと確信していた。案の定、二人がどこかに去るような気配はなかった。議論は決着し、コノネンコとその一味は会社にとどまることになった。そしてまもなく、コノネンコは昇進した。

「時間をくれ、デビッド。なんとか丸く収めよう」とブラウンがたしなめた。

シモンズは「プランがある」と付け足して、マガーマンを安心させようとした。

愕然《がくぜん》としたマガーマンとホイットニーは、険しい表情のまま揃って部屋を出た。そしてすぐに独自のプランを立てることとなる。

＊

夜半近くになって重役たちが帰ると、シモンズの家に静けさが戻った。会社は二つに引き裂かれていた。上級社員がメダリオンのもっとも貴重な秘密を漏らそうとしていた。ニコラスの死にもいまだ苦しめられていた。シモンズはこれらの問題をすべて片付ける術を探すしかなかった。

第13章

金融危機で勝つ

モデルはすべて間違っているが、いくつかは役に立つ。

ジョージ・ボックス（統計学者）

新たなファンドの構想

ジム・シモンズは、増えつづける問題の数々に直面していた。

そして解決法になりそうな方法が一つあった。

社員たちは口論をしていたし、二人の重要な科学者が逃げ出してメダリオンの秘密を持ち出した恐れがあった。残りの社員のことも心配だった。確かにこのヘッジファンドは、五〇億ドルを超える資産を運用し、手数料を差し引いてもなお約二五パーセントという高い年間収益を上げつづけていた。二〇〇四年にはメダリオンのシャープレシオは、ライバルたちがはるかにおよばない七・五という驚くべき値に達した。しかしシモンズは、社員の気が緩んではいないかと心配だった。何年もかけて雇い入れてきた数十人の数学者や科学者を忙しく働かせて成果を出させなければと、プレッシャーを感じていた。彼らのために新たな挑戦を見つける必要があったのだ。

「科学者はみんな、自分たちが想像していた以上に金持ちになっている。どうやってあいつらのやる気を奮い立たせればいいんだろう」とシモンズはある仲間にこぼした。

シモンズには、新たなプロジェクトを探すべき理由として、もっと個人的なものがもう一つあった。息子ニコラスの突然の死によるつらい心の痛みといまだに戦っていたのだ。数年前のシモンズはトレーディング事業から手を引きたがっているようだったが、このときにはどうしても気を紛らわせるものが欲しかった。

メダリオンの事業を一新するつもりはなかった。このファンドは年に一度、収益を投資者（ほとんどは自社の社員）に還元して、規模が大きくなりすぎないようにしていた。もしメダリオンがもっとずっと多くの資産を運用するようになったら、いまだ短期のさまざまな価格変動に頼ることで上げていた収益が損なわれてしまうと、シモンズやヘンリー・ラウファーたちは確信していたのだ。

運用規模に制限があったことで、メダリオンが特定した市場の逸脱や現象をすべて活用するわけにはいかなかった。除外されたトレーディングシグナルの多くは、長期的な機会に関わるものだった。科学者たちが短期のシグナルのほうに強い自信を持っていたのには、裏付けに使えるデータが多いという理由もあった。たとえば、一日単位のトレーディングシグナルには一年間の全取引日のデータを当てはめることができるが、一年単位のシグナルは年間のたった一つのデータに頼るしかない。それでも研究者たちは、もっと長期の保有期間に焦点を絞ったアルゴリズムを開発できれば多額の収益を上げられるはずだと確信していた。

そこでシモンズは考えた。いままで無縁だったそれらの長期の予測シグナルを活用する、新たなヘッジファンドを立ち上げたらどうだろうか？　もっと頼りになる短期の取引を活用できないので、メダリオンほどの収益は上げられないが、代わりにメダリオンよりもずっと多くの資金を運用できるだろう。投資商品を長期間保有するメガファンドなら、たとえば同様の規模の高速トレーディングファンドよりも取引コストがかからない。また長期の取引に頼れば、メダリオンとの収益の食い合いも防げるだろう。

新たなヘッジファンドの研究と立ち上げは、新たな挑戦として会社を活性化させることになるだろうと、シモンズは判断した。このアイデアにはもう一つの利点もあった。シモンズはルネサンスの売却先を見つけようと考えていた。会社丸ごとでなく、その一部だ。七〇歳に近づいていて、誰にも打ち明けるつもりはなかったが、会社の所有権の一部を売るのも悪くはないと思っていた。手数料と収益によって定期的に確実な収入が得られる新たな巨大ヘッジファンドを持っていれば、売却する上で特別なアピールポイントになるだろう。

RIEFを売り込む

ルネサンス社内には、そのような新事業を快く思わない者もいた。自分の仕事が乱されるし、お節介な投資者が社屋に入ってきて廊下をうろつくようになるというのだ。しかしシモンズは最終的に決断し、ファンドの設立を決めた。研究者たちは、メダリオンと同じく人間がほとんど介入せずに取引をおこないながら、投資商品を一カ月やさらにそれ以上保有するファンドの計画をまとめた。価格の相関やパターンを見つけるといったルネサンスの通常の戦法もいくつか取り入れるが、そのほかに、株価収益率やバランスシートなどの情報に基づいて割安な証券を買うといった、もっとファンダメンタルな戦略も用いることにした。

科学者たちは徹底的な検証の末、この新たなヘッジファンドは株式市場よりも毎年数パーセント高い収益を上げながらも、市場全体より変動性は低くなるはずだと判断した。その安定した収益は、年金基金など大手機関にとってとくに魅力的だろう。さらに好ましいことに、計算上、ヘッジファンドとして史上最高となる一〇〇〇億ドルもの資金を運用してもなお収益を上げられる。

新たに雇った営業チームは、ルネサンス・インスティテューショナル・エクイティーズ・ファンド（ＲＩＥＦ）と名付けられたそのファンドを売り込む際に、これがメダリオンとは別物であることを強調した。だが投資家の中には、その違いを単なる形式的なものとみなして無視する人もいた。会社も同じ、研究者も同じ、リスクもトレーディングモデルも収益も同じだというのだ。二〇〇五年までの一五年間でメダリオンは年率換算三八・四パーセントの収益を上げていて（高額の手数料を差し引いた値）、RIEFのパンフレットにもその運用成績が明記されていた。そのため投資家は、この新たなファンドの収益率もメダリオンとある程度近い値になるはずだと決めつけた。しかもRIEFが投資家から徴収するのは、わずか一パーセントの運用手数料と収益全体の一〇パーセントだけで、メダリオンに比べてお得だった。

RIEFは二〇〇五年夏に運用を開始した。一年後にはすでに株式市場全体の収益率を数パーセント上回り、投資家は列をなしてお金を預けはじめた。そしてまもなく、一四〇億ドルもの資金がRIEFに投資された。

投資希望者の中には、有名投資家のシモンズや、まるで魔法のトレーディング能力を備えたかのような秘密の社員たちに会えることを一番の楽しみにしていた人もいたようだ。営業担当の上級取締役デビッド・ドワイヤーは、顧客になってくれそうな人たちにルネサンスの構内を案内する途中で立ち止まっては、日々の業務をおこなう科学者や数学者を指差し、まるで自然の住処《すみか》に暮らす珍しい生き物のごとく紹介した。

「この会議室では、わが社の科学者たちが最新の予測シグナルを精査しています」

〃おおっ〃

「ここでは重要な相互評価がおこなわれています」

〃へぇー〃

「あそこではジム・シモンズが最高幹部と一緒に戦略を立てています」

〃わぁー！〃

キッチンエリアの前を通り過ぎると、ふらりとやって来た数学者が同僚たちにからかわれながらベーグルを温めたりマフィンを手に取ったりしていることもあった。また、外部の人間に見つめられるのに慣れていない社員から注意されることもあった。

続いてドワイヤーは訪問者を下の階に連れていき、ルネサンスのデータグループに引き合わせた。そこでは、中国籍の人や新たに雇用された数人の女性科学者を含め、三〇人を超える博士たちが、込み入った数式がびっしりと書き込まれたホワイトボードの前で深く考え込んでいた。彼ら科学者の仕事は、途切れなく提供されてくる外部のデータを取り込んでは、間違いや不揃いを取り除いてクリーンにし、上階の数学者がその情報を使って価格のパターンを見つけられるようにすることだと、ドワイヤーは説明した。

ドワイヤーの案内ツアーでふつう最後に回るのは、テニスコート二つ分の広さがあるルネサンスのコンピュータルームだった。訪問者が見つめる中、長く連なった高さ二・四メートルの金属製ラックに収められた大量のサーバーが互いにリンクして、ランプを点滅させながら何千件もの取引を静かに処理していた。部屋の空気は乾燥していて、ふつうと違う感覚とにおいがし、あたかも供給される電力が感じられるかのようだった。「数学モデルと科学的手法がルネサンスの屋台骨です」というドワイヤーの売り文句が、この部屋でますます強調された。

「見学したのに投資しない人なんてほとんどいなかった」とドワイヤーは言う。

セールスマンとしてのシモンズ

ときには、シモンズやブラウンが顧客向け説明会に顔を出して挨拶《あいさつ》をしたり、質問を受け付けたりした。あらぬ方向に脱線することもあった。あるときＲＩＥＦの営業担当者が、公衆衛生事業に資金提供する最大の財団、ロバート・ウッド・ジョンソン財団を、ロングアイランドにあるルネサンスのオフィスでの昼食会に招待した。広い会議室に入ってＲＩＥＦの営業スタッフと握手を交わした財団の投資チームは、「健康文化を築く」というウッド・ジョンソンのモットーがエンボス加工された名刺を配った。

昼食会は順調に進み、財団はあと少しでＲＩＥＦに高額の小切手を切るかに思われた。

そこで駄目押しにと、テーブルの中央に分厚いバニラアイスケーキが置かれた。誰もがそのデザートをじっと見つめ、味わう気満々になった。すると、そこにちょうどシモンズが入ってきて、部屋は大興奮に包まれた。

財団の投資専門家は、「ジム、写真を撮っていいかい？」と頼んだ。

おしゃべりが進むにつれ、シモンズの右手が奇妙な動きを始めた。財団の幹部たちは何が起こっているのか見当もつかなかったが、RIEFのスタッフたちは気づいて不安になりはじめた。どうしても吸いたくなったシモンズは、たばこを入れてある左胸ポケットをまさぐった。しかし空だったので、インターコムで助手を呼び、たばこを持ってこさせた。

「吸ってもいいですか？」とシモンズは訪問客たちに訊いた。

そして答えが返ってくる間もなく火を点《つ》けた。すぐに煙が部屋中に充満した。健康文化を築くことに専心しつづけるロバート・ウッド・ジョンソン財団の幹部たちは、あっけにとられた。しかしシモンズはいっさい気にしていない様子だった。ぎこちない雑談を少々交わしてから、短くなったたばこを消そうとしたが、灰皿が見つからない。RIEFのスタッフたちは青ざめた。シモンズは、部下のデスクやマグカップなど、オフィスの至るところにたばこの灰を落とすたちだったのだ。しかし、ここはルネサンスで一番豪奢《ごうしゃ》な会議室。灰皿代わりになる容器は見当たらなかった。

するとシモンズはアイスケーキに目をつけた。そして立ち上がってテーブルに近寄り、くわえていたたばこをアイスに深く差し込んだ。ケーキがジュウジュウと音を立て、訪問客たちがあんぐりと口を開ける中、シモンズは部屋から出ていった。ルネサンスの営業担当者たちは、大口の契約を逃したと確信してがっくりと肩を落とした。ところが財団の幹部たちはすぐに落ち着きを取り戻し、喜んで高額の小切手にサインしてくれた。たばこの煙と台無しのバニラケーキだけでは、新たなファンドへの関心を失わせることはできなかったのだ。

ときにはこのようなへまを犯したものの、シモンズはセールスマンとしても有能で、世界クラスの数学者でありながら、確率微分方程式を扱えない人たちとも交流できる稀有《けう》な才能の持ち主だった。人を喜ばせる話をし、とぼけたユーモアを言い、科学や金儲けとはかけ離れた話題にも関心を持っていた。また、とても誠実で他人に気を掛けるたちで、投資家たちはその長所を感じ取ったのかもしれない。あるとき、フランスから二〇年ぶりにストーニーブルックに戻ってきたデニス・サリバンが、シモンズと話をするためにルネサンスの駐車場に車でやって来た。二人は数式について何時間も話し合ったが、シモンズはサリバンがある難しい問題に苦しめられていることを感じ取った。四〇年以上のあいだに何度も結婚して六人の子持ちだったサリバンは、子供たちから金を無心されていて、全員を公平に扱うにはどうすればいいか決めかねていたのだ。

そこでシモンズは、黙って腰を掛けてそのジレンマについてじっくりと考えてから、たった二言の賢明な答えを出した。

「結局、平等にだ」

その答えにサリバンは納得し、ほっとして家路についた。この再会で友情がさらに深まり、二人は数学の研究論文の共同執筆にますます多くの時間を割くようになった。

シモンズは私生活についてもざっくばらんに話し、そのため投資家や友人にも慕われた。科学に身を捧げている人がどうして統計的可能性に逆らってこれほどたばこを吸っているのかと尋ねられると、遺伝子を検査してもらったところ、ほとんどの人にとって有害な習慣に対処できる独特の能力を持っていることが分かったのだと答えた。

そして、「ある歳を過ぎたらはっきり分かるはずだ」と言った。

ブラウンも同じく人当たりが良くて投資家とうまく付き合えたが、マーサーは違っていた。ＲＩＥＦのマーケティング担当者は、マーサーが会話の途中で思いがけず笑い出したりして相手を不快にさせることを恐れ、彼を顧客に引き合わせないようにした。あるとき、西海岸のある基金の代表者が訪れてきたが、シモンズもブラウンも不在で出迎える人がいなかったため、マーサーが会合に加わった。この会社はどうやってこれほどの収益を上げているのかと尋ねられると、マーサーは説明しはじめた。

「だからシグナルがあるんです」とマーサーが口を開くと、同僚たちはビクビクしながら首を縦に振った。「ときにはクライスラーを買え、ときには売れと教えてくれるんです」

みな驚き、場が静まりかえった。クライスラーは一九九八年にドイツの自動車メーカー、ダイムラーに買収されて、会社としてはすでに存在していなかったのだ。マーサーはそのことを知らなかったらしい。あくまでもクオンツで、取引対象の会社には実際の関心を払っていなかったのだ。それでも基金の代表者は大目に見て、RIEFの新たな投資者となってくれた。

二〇〇七年春には、投資家を遠ざけておくのが難しくなっていた。すでにRIEFは三五〇億ドルの運用資産を集め、世界最大のヘッジファンドになっていた。そこでルネサンスは、新たな投資に対して月二〇億ドルという上限を設定せざるをえなかった。一〇〇〇億ドルを運用できるようには設計されていたが、一度にその全額というわけにはいかなかったのだ。シモンズはほかにもいくつかのファンドの計画を立て、債券や通貨などの資産の先物を長期的なスタイルで取引する、ルネサンス・インスティテューショナル・フューチャーズ・ファンド（RIFF）の事業に取りかかった。新たに科学者を何人か雇うとともに、ほかの部門の社員が手を貸し、会社を活性化させて一枚岩にするというシモンズの目標は達成された。[1]

しかし、シモンズにはもう一つ、解決すべき喫緊の問題があった。

機密漏洩の後始末

二〇〇七年晩春、ニューヨーク市のミッドタウン、グランドセントラル駅にほど近い四一階建てのビルに入っている自分のオフィスでシモンズは、特徴的な鼈甲《べっこう》めがねで知られる白髪の五七歳の億万長者、イズラエル・イングランダーをにらみつけていた。二人はいらいらしていて、互いに腹を立てていた。にらみ合いはこのときが初めてではなかった。

四年前、研究者のパベル・ボルフバインとアレクサンダー・ベロポルスキーがルネサンスを辞め、イングランダーが運営するヘッジファンド、ミレニアム・マネジメントで株式取引を始めた。怒り狂ったシモンズはある日、イングランダーのオフィスに怒鳴り込んで二人を解雇するよう迫ったが、その要求にイングランダーは反発した。

そして「証明してみろ」とシモンズに突っかかり、ボルフバインとベロポルスキーがルネサンスの機密情報を持ち出した証拠を要求した。

イングランダーは心の中で、シモンズが本当に恐れているのは情報を盗まれたことでははなく、ほかにも辞める社員が出てくることなのではないかと思った。シモンズはライバルに多くは語ろうとしなかった。シモンズとルネサンスはイングランダーの会社およびボルフバインとベロポルスキーを告訴し、それを受けて二人はルネサンスを反訴した。

争いのさなか、ボルフバインとベロポルスキーは独自の定量的トレーディングシステムを立ち上げて、およそ一億ドルの収益を上げ、イングランダーがある仕事仲間に語ったところによれば、彼がそれまでに出会った中でもっとも成功したトレーダーとなった。二人はルネサンス在籍中、メダリオンの機密情報を利用したり誰かに漏らしたりすることを禁じる、秘密保持契約にはサインしていた。しかし非競争契約への署名は拒んでいた。ある同僚によれば、会社の人手が足りなくて、サインすべき山のような書類に非競争契約の書類を入れ損ねているのを見抜いたのだという。イングランダーは、ルネサンスの機密情報を利用しない限り、非競争契約を心配することなしに彼ら二人の研究者を堂々と雇えると気づいたのだ。

話を戻してあの春の日、ビロードの椅子に腰掛けてシモンズと向かい合うイングランダーは、新たな雇用者たちの取引の詳細を自分は承知していないとうそぶいた。ボルフバインとベロポルスキーはイングランダーらに、自分たちはオープンソースのソフトウェアと学術論文など金融学の文献の知見に頼っているのであって、ルネサンスの知的財産など利用していないと話していた。二人をクビにしなければならない理由がどこにあるというのか？　シモンズは怒り出した。心配にもなった。ボルフバインとベロポルスキーを止めなかったら、二人の取引によってメダリオンの収益がむしばまれてしまう。また二人の寝返りをきっかけに、ほかの社員たちが会社から出ていく道が開かれてしまうかもしれない。道義の問題でもあるとシモンズは感じていた。

〝やつらは俺から盗みを働いた！〟

ボルフバインとベロポルスキーが実際にメダリオンの知的財産を持ち出したらしいことを示す証拠が、徐々に集まりはじめていた。ある外部の専門家は、二人がメダリオンと同じソースコードを大量に使っていると結論づけた。自分たちの取引が市場に与える影響を見積もるために二人が使っていた数学モデルも、メダリオンのものに似ていた。少なくとも一人の専門家は、ボルフバインとベロポルスキーの説明に疑念を抱き、彼ら側の証人として証言することを拒否した。極めつきに、ボルフバインとベロポルスキーが使っていた戦略は「ヘンリーのシグナル」と呼ばれていた。シモンズの長年のパートナーであるヘンリー・ラウファーが開発した、まったく同じ名前で中身もそっくりの戦略をルネサンスが使っていることは、単なる偶然とは思えなかった。

その日にはシモンズとイングランダーの話し合いはさほど前進しなかったが、数カ月後に妥結に至った。イングランダーの会社がボルフバインとベロポルスキーを解雇して、ルネサンスに二〇〇〇万ドルを支払うことで決着したのだ。すると、ルネサンスの社員の何人かが激高した。裏切り者のあいつらはイングランダーのもとで二〇〇〇万ドルよりもずっと多額の資金を取引していたし、何年かたってほとぼりが冷めたら自由に活動を再開できるではないか。しかしシモンズは、争いが決着して、不従順だった二人の後に続こうと考える社員たちに警告のメッセージを突きつけられたことに胸をなで下ろした。シモンズとルネサンスを邪魔するものは何もないように思われた。

ファンド成功の陰でいらいらするブラウン

RIEFは見事なスタートを切ったし、メダリオンもいまだ収益を上げていた。自信満々のピーター・ブラウンは、ある同僚と賭けをした。二〇〇七年にメダリオンが一〇〇パーセントの収益を上げたら、その同僚が持っている新車のメルセデス・ベンツEクラスをもらうというものだ。ブラウンの競争好きな性格は、人生のほかの側面にもおよんだ。痩せ形で身長一八二センチのブラウンは、会社のスポーツジムで同僚たちに力比べを挑んでは、次々に打ち負かした。シモンズが休暇のために社員とその家族をバミューダのリゾートに連れていったときのこと、黒いハイソックスとサンダルを履いた大勢の社員がプールサイドのデッキチェアに身を預けながら、ウォーターバレーボールの試合を観ていた。すると突然、その場の平穏が乱された。プールの中にいる誰かが、チームメイトたちの顔に水しぶきを浴びせながらボールに向かって突進し、近くにいる子供の顔すれすれを肘《ひじ》がかすめたのだ。

驚いた母親がプールのそばまで来て、「暴れているのは誰?」と尋ねた。

すると一人の社員が、「ああ、いつものピーターだよ」と答えた。

ブラウンもマーサーも感覚でなく論理に頼っていた。二人が雇っていた科学者や数学者の多くも、同じく聡明で勤勉、人間的感情とは無縁のようだった。社員たちがバミューダ旅行を終えて帰りの飛行機の搭乗口に並んでいたとき、誰かが、妊婦のために順番を譲ろうと提案した。するとルネサンスの科学者の何人かが拒否した。女性を差別しているわけではないが、本当に早く乗りたいなら早く搭乗口に来ていたはずだと言ってのけたのだ。

その場に居合わせたある人は、テレビドラマ『ビッグバン・セオリー』の登場人物を引き合いに出して、「シェルドンが大勢いるみたいだった」と語る。

ブラウンが重責を担う立場になるにつれて、これまでのぶっきらぼうで気まぐれな性格に触れたことのないマーケティング担当取締役たちにも、彼と接する機会が増えていった。とくにファンドが好調のときには、まるで若者のように無礼で、人に害をおよぼすこともたびたびあった。その一方で、比較的些細なことにもいらいらするようになった。ある会議でのこと、一人の部下がうっかり携帯電話のスイッチを切り忘れて、バイブモードにしたままだった。ブラウンが話をしている最中に、電話がかかってきてその携帯が震え、積み上げた本の上から落ちた。するとブラウンがかっと目を見開き、その携帯を、続いて部下をにらみつけた。そして吠《ほ》えた。

「そいつをどっかにやれ！」とあらん限りの声で怒鳴ったのだ。

最高財務責任者のマーク・シルバーは、「落ち着け、ピーター。何でもないから」となだめた。

マーサーもブラウンを落ち着かせる才能を備えていた。ブラウンもマーサーと一緒にいるときには気分が良いようだった。マーサーはほとんどの同僚とはあまり交流せず、日中はしょっちゅう口笛を吹いていたが、ブラウンとは頻繁に話し合って、トレーディングモデルを改良するアイデアを出していた。一人は感情的で社交的、もう一人は無口で慎重と、まるでコメディアンコンビのペン&テラーのようだった（とうていそこまで愉快な二人組ではなかったが）。

サブプライム危機

二〇〇七年七月にRIEFはわずかな損失を出したが、メダリオンは五〇パーセントの収益を上げ、ブラウンは同僚のメルセデスを手に入れるかに思われた。ところがその頃、経済の別の分野で、信用実績に傷や不足のある借り手に積極的な貸し手がお金を貸す、いわゆるサブプライム住宅ローンに問題が起こりつつあった。心配性の人たちは問題が広がりかねないと予測していたが、住宅ローン市場の一角が幅広い株式市場や債券市場の首を絞めるなどとは、ほとんどの人が思っていなかった。いずれにしても、ブラウンとマーサーの統計的アービトラージ株式取引はマーケット・ニュートラルだったため、乱高下によって収益が影響を受けるとは考えにくかった。

八月三日金曜日、投資銀行ベアー・スターンズの健全性に対する懸念から、ダウ・ジョーンズ工業株価平均が二八一ポイントの大幅な下げを記録した。しかし、おおごととは受け止められなかった。そもそも古参の投資家のほとんどは休暇中で、その下落について深読みする必要はなさそうだった。

その夏、いくつかの定量的ヘッジファンドが台頭してきていた。そのほとんどはシモンズの成功に触発されて、コンピュータモデルや自動取引に頼るのに加え、独自のマーケット・ニュートラル戦略を持っていた。マンハッタンのミッドタウンにあるモルガン・スタンレーの本社では、自由時間に地元のクラブでピアノを弾く青い瞳のクオンツ、ピーター・ミュラーが、PDTという銀行の一部門のために六〇億ドルの資金を運用するチームを率いていた。コネチカット州グリニッジでは、シカゴ大学で博士号を取得したクリフォード・アスネスが、AQRキャピタル・マネジメントという、資産規模三九〇億ドルの定量的ヘッジファンドを共同で率いていた。そしてシカゴでは、一九八〇年代後半にハーバード大学の寄宿舎の屋根に衛星アンテナを設置して最新の証券価格を入手していたケン・グリフィンが、自らが経営する資本金一三〇億ドルの会社、シタデルで、高性能コンピュータを使って統計的アービトラージ取引などの業務をおこなっていた。

八月六日月曜日午後、そんなクオンツトレーダーたちが軒並み、突然の大きな損失に見舞われた。AQRのアスネスは、オフィスの仕切りガラスに掛かっているブラインドをぴしゃりと閉め、何が起こっているのか把握しようと、至るところに電話をかけはじめた。話によると、ティケ・キャピタルという小規模のクオンツファンドが経営難に陥り、ゴールドマン・サックスで体系的な投資をおこなっている部門も苦境に陥っているとのことだった。しかし、誰が売っているのかも分からなかったし、おのおの独自の戦略を持っているとされるこれほど多くの企業がなぜ揃って影響をこうむっているのかも定かではなかった。

のちに学者らは次のような結論を下す。まず、少なくとも一社のクオンツファンドが投げ売りをした。それとともに、ほかのいくつかのクオンツファンドが、借入金を減らそうと突然の行動に出た（おそらく、低迷する住宅ローン投資商品を処理しようとした顧客投資家が、資産を現金化したのを受けてのことだろう）。そのことが、のちに「クオンツ・クエイク」と呼ばれることとなるすさまじい急落の引き金を引いたというのだ。

一九八七年の株式市場の暴落では、投資家は高度なモデルに足をすくわれた。一九九八年にはLTCMが歴史的な損失を出した。そこでアルゴリズムに頼るトレーダーたちは、この大失敗を受けて備えをしていた。

AQRの国際トレーディングのリーダー、マイケル・メンデルソンはアスネスに、「まずいぞ、クリフ。破産しそうな気がする」と伝えた。[2]

その月曜日、シモンズは株式にはほとんど意識が向いていなかった。母マルシアの葬儀を終えて、家族とボストンにいたのだ。午後になって、ルネサンスの先物トレーディング事業を率いるいとこのロバート・ラウリーとともに、自家用機ガルフストリームG450でロングアイランドに戻った。その機内で二人は、メダリオンとRIEFが破綻しそうになっていることを知った。シモンズはラウリーに、心配するなと声を掛けた。

「つらい日の後には必ず良い日が来るもんだ」

しかし火曜日はさらに状況が悪化した。シモンズらは、一見何の理由もなしにコンピュータの画面が赤く点滅するのを見つめていた。ブラウンは震え上がった。

そして誰かに、「いったい何が起こっているのか分からんが、良いことじゃない」とつぶやいた。

水曜日、恐ろしい事態に陥った。シモンズとブラウンとマーサー、およびほかに六人ほどが中央会議室に駆け込んで、テーブルを囲む席に慌てて座った。そして壁に貼られた一連のチャートをじっとにらんだ。そこには、会社の損失の規模と、貸付元の銀行がどの時点で追加証拠金を請求してきて、ファンドの株式ポジションの売却を防ぐために追加の担保が必要になるかが詳細に記されていた。株式バスケットの一つはこの時点ですでにかなり下落していて、ルネサンスは売却を食い止めるために追加の担保を用意しなければならなかった。そのポジションがさらに大きい損失に見舞われれば、大規模な株式売却とますます大幅な損失を防ぐために、メダリオンは貸し手にさらに多くの担保を提供せざるをえなくなる。

会議室のそばの大広間では、研究者たちが集まっていた。会議が進む中、いらいらする社員たちは、会議室に出入りする人の顔をじっと見て、重役たちがどれだけ必死でいるかを推し量った。

部屋の中では戦いが始まっていた。七年前の二〇〇〇年、テクノロジー株の暴落の際には、ブラウンは何をしたらいいか見当もつかなかった。しかし今度は状況を呑《の》み込んでいた。そして、急落が長く続くことはないからルネサンスのトレーディングシステムに従いつづけるべきだと訴えた。ポジションを買い増ししてもいいくらいかもしれない。自らで売買するようプログラミングされた会社のシステムは、すでにそのとおりにしていて、混乱に乗じていくつかのポジションを増やしていた。

「これはチャンスだ！」とブラウンは言った。

ボブ・マーサーも同調している様子だった。

ヘンリー・ラウファーも、「モデルを信じよう。このまま走らせよう」と付け足した。

しかしシモンズは首を横に振った。会社がさらに大きな苦境をかいくぐれるかどうか分からなかったのだ。怯えていた。損失が膨らんで十分な担保を工面できなくなったら、銀行はメダリオンのポジションを売って、巨額の損失を抱えることになる。もしそうなったら、再びシモンズのファンドと取引したがる銀行なんて一行もなくなるだろう。たとえルネサンスの金銭的損失が貸し手の銀行より少なかったとしても、致命的な一撃になるはずだ。

シモンズは、メダリオンは株式を買うのでなく売るべきだと主張した。

「やるべきなのは生き延びることだ。もし間違っていても、後からいつでも［ポジションを］増やせる」

ブラウンはその言葉に衝撃を受けたようだった。それまで、自分と仲間の科学者が開発したアルゴリズムを絶対的に信じていた。ところが、シモンズが公然と自分の意見を覆して、トレーディングシステムそのものに異議を唱えてきたのだ。

木曜日、メダリオンは株式ポジションを減らして現金化しはじめた。会議室ではシモンズとブラウンとマーサーが、会社の損益を刻々と表示する一台のコンピュータ画面を見つめていた。自社による株式売却が市場にどのような影響をおよぼすかを知りたかったのだ。最初に一連の株式を売却すると、市場が打撃をこうむってさらに下落し、損失がますます膨らんだ。その後も再び同じことが起こった。しんと静まりかえる中、シモンズは険しい表情で立ちつくしていた。

シモンズの決断

代表的なクオンツ企業でことごとく問題が悪化していった。PDTはモルガン・スタンレーの資金六億ドルをわずか二日間で失った。いまや売りが市場全体に広がりつつあった。その木曜日、S&P500は三パーセント、ダウは三八七ポイント下落した。メダリオンはその週ですでに一〇億ドル以上、資金の二〇パーセントを失っていた。RIEFも三〇億ドル近く、およそ一〇パーセント資金を減らした。ルネサンスのランチルームは不気味な静けさに包まれ、研究者たちは黙って座りながら、会社は生き延びられないのではないかと思い悩んだ。そして深夜すぎまで寝ずに問題を把握しようとした。

〝俺たちのモデルは破綻したんだろうか？〟

実はルネサンスのポジションの約四分の一は、ライバルたちと共通していた。ルネサンスはほかの多くの会社と同じ問題に苦しめられていたのだ。重役でない上級研究者の中には、損失だけでなく、シモンズがトレーディングシステムに介入してポジションを減らしたことに狼狽《ろうばい》する者もいた。シモンズのその決断を自分たちへの侮辱ととらえ、主義が一貫しておらず自分たちの仕事を信じていないことの表れだと見る者もいた。

ある上級研究者はシモンズに、「君は完全に間違っている」というEメールを送った。

別の科学者はむかついた様子で、「システムを信じるか信じないかのどっちかだ」と突っかかった。

するとシモンズは、トレーディングシステムを信じてはいるが、市場は平均から標準偏差の二〇倍以上という異常な下落を記録していて、ほとんどの人が一度も経験したことのないようなレベルに達していると答えた。

「どこまで下がるんだ?」とシモンズは考え込んだ。

ルネサンスに貸し付けている銀行は、さらなる恐怖にさいなまれていた。メダリオンの資金がこのまま減りつづけたら、ドイツ銀行とバークレイズは何十億ドルもの損失に見舞われることになる。両銀行の中で、バスケットオプションの内訳を知っている人はほとんどいなかった。このように突然大きな損失を出したら、投資家や規制当局は衝撃を受けて、銀行の経営や全体的な健全性に疑問を抱きかねない。バークレイズの取締役でルネサンスとの対応にもっとも頻繁に当たっていたマーティン・マロイは、少しでも安心しようと、受話器を取ってブラウンに電話をかけた。ブラウンは苦しんではいるが状況を把握している様子だった。

一方でパニックに陥る人たちもいた。その金曜日、二年前に雇われて機関投資家へのRIEFの売り込みに当たっていた上級幹部のドワイヤーは、オフィスを後にして、ある再保険会社の代表者に自分を売り込みに行った。その年、株式市場全体が上昇する中でもRIEFは約一〇パーセント下げていて、顧客の怒りを買っていた。ドワイヤーにとってもっと重要だったのは、ルネサンスに入社したときに自宅を売却して、その売上金をメダリオンに投資していたことだった。しかもほかの社員と同じく、メダリオンへの投資のためにドイツ銀行から借金もしていた。いまやドワイヤーは一〇〇万ドル近くを失っていた。若い頃にクローン病と闘っていて、いったんは症状は治まっていたが、再び鋭い痛みや熱、そして腹部の激しい痙攣《けいれん》に悩まされはじめた。ストレスが病気の再発を引き起こしたのだ。

面接を終えたドワイヤーは、ロングアイランド湾へ車を走らせ、週末に家族と過ごすためにマサチューセッツ州行きのフェリーに乗り込んだ。車を止め、添乗員に鍵を渡すために待っているあいだ、どうやってこの苦しみを終わらせようかと思いめぐらせた。

〝ブレーキが利かないようにでもしておこうか〟

ドワイヤーの気持ちはどん底まで沈んだ。しかしオフィスに戻ると、メダリオンが安定を取り戻しつつある兆しが現れはじめた。その朝、再びポジションを売ると、市場はその取引を処理しても下落する様子は見せなかった。市場が反転したのは、その日にAQRのアスネスが買い注文を出したからだと見る者もいた。

シモンズはある仲間に、「乗り切れると思う。弱気の取引はやめよう」と言った。そして売り注文を中止するよう指示を出した。

月曜日の午前中にはメダリオンもRIEFも、ほとんどの大手クオンツトレーダーと同じく再び収益を上げはじめ、混乱は収まったかに思われた。ドワイヤーは安堵《あんど》の深いため息をついた。のちに社員の何人かが、もしシモンズがトレーディングシステムを無視していなければ収益はもっと膨らんだはずだと不平を言った。

ある社員はシモンズに、「かなりの収益を取り逃した」と突っかかった。

するとシモンズは、「次あっても同じ決断をするぞ」と答えた。

砂漠で見つけた科学的な解答

まもなくしてルネサンスは再び足場を固めた。世界市場の混乱の広がりがメダリオンのシグナルに味方して、二〇〇七年に八六パーセントの収益を上げ、ブラウンがメルセデスを勝ち取るまであと一歩に迫った。その年、新しいほうのファンドであるRIEFはわずかに損失を出したが、大問題とは思えなかった。

二〇〇八年前半には、サブプライム住宅ローン問題がアメリカと世界の株式市場や債券市場を隅々までむしばんでいたが、メダリオンはいつものように混乱の中でも成長し、その年の最初の数カ月で二〇パーセントを超える収益を上げた。するとシモンズの頭の中に、ルネサンスの経営権の二〇パーセントを売却するという考えが甦《よみがえ》ってきた。

二〇〇八年五月、シモンズとブラウン、およびルネサンスの重役何人かが、カタールの国富ファンドの代表者と会ってルネサンスの経営権の一部売却について話し合うために、カタールへ飛んだ。到着したのがムスリムの祈りの日である金曜日だったため、翌日まで会合は開けなかった。するとホテルのコンシェルジュから、デューンバッシングに行ったらどうかと勧められた。4WDの車で砂丘を登っては、危険な角度を猛スピードで滑り降りるという、砂漠のジェットコースター張りの人気のオフロード走行だ。猛烈に暑い日で、ブラウンたちはホテルのプールに飛び込んだ。しかしシモンズは、ルネサンスのマーケティングと戦略策定のアドバイザーとして雇った、業界の重鎮で投資会社オッペンハイマーの元最高経営責任者スティーブン・ロバートとともに、砂漠へ向かった。

まもなくすると、山のようにそびえる砂丘を、車がひっくり返りそうな猛スピードで登り下りしはじめた。シモンズは青ざめた。

ロバートがエンジン音に負けない声で、「ジム、大丈夫か？」と叫んだ。

シモンズは怯えた声で、「死ぬんじゃないか！」と叫び返した。

「落ち着け、運転手は慣れてる」とロバート。

するとシモンズはこう言い返した。

「ひっくり返ったらどうする？　人からすごく賢いと思われている俺が、一番バカらしい理由で死ぬんだぞ！」

さらに五分間、シモンズは恐怖と戦いつづけた。すると突然、気が楽になって顔色が戻ってきた。

そしてロバートに叫んだ。

「分かったぞ！　物理の原理だ。タイヤに摩擦がない限り、ひっくり返るなんてありえない！　砂の上にいるんだから、タイヤが引っかかることはないんだ！」

自分の身に直接関わる科学の問題を解き明かしたシモンズは、鼻を高くしてパッと笑みを浮かべた。

ルネサンスを去る二人

グレン・ホイットニーはそこまで気楽な気分ではなかった。

アレクセイ・コノネンコの行動を罰しないという決定が下された、ジム・シモンズ家でのあのディナー以降、ホイットニーは意気消沈していた。そしてマガーマンと、揃って辞職する約束をしたが、本当に二人が辞めるなんて信じている社員はほとんどいなかった。一人の同僚に苛立ち、会社の文化に思い悩んでいるからといって、年間数千万ドルの収入をみすみす逃す人間なんてはたしているだろうか？

だがホイットニーは本気だった。コノネンコに関する決定がとどめの一撃となったのだ。

以前にもホイットニーは、社員以外の投資者をメダリオンから排除するというシモンズの決定に異議を唱えていた。社員のためだけに収益を上げるヘッジファンドなんて社会のためにならないと確信したからだ。かつてルネサンスは、固い団結で結ばれた大学の学科のような趣だった。だが、もはやこのときには、ホイットニーは総スカンを食らっていた。

二〇〇八年夏にホイットニーは、数学に関する展示に特化した北アメリカ初の博物館、国立数学博物館（MoMath）で指導的役割を引き受けることになったと打ち明けた。すると同僚たちはホイットニーをあざ笑った。そして何人かがこう言った。本当に社会を良くしたいんだったら、会社にとどまってもっと資産を蓄え、晩年になってからそれを寄付すればいいじゃないかと。

一人の同僚が、「自己満足のために辞めるんだろ？」と当てこすった。

ホイットニーは、「俺には自分を幸せにする権利がある」と答えた。

するとある社員が、「自分が一番なんだな」とあざけた。

ホイットニーは辞職した。

デビッド・マガーマンも一杯一杯だった。数年前、九・一一テロ攻撃のショックもあって、中年の危機に見舞われていた。そこで人生の意義を探そうとイスラエルに渡り、ユダヤ教に傾倒して戻ってきた。コノネンコは会社にとどまっているどころか、いまや株式事業全体を共同で統轄していた。マガーマンはこれ以上我慢できなかった。

そこで、もっと穏やかで精神的なライフスタイルを求めて、妻と三人の子供とともに、ロングアイランドからフィラデルフィア近郊のペンシルベニア州グラッドウィンへ移り住んだ。

バトンタッチ

二〇〇八年を通じて世界経済が悪化し、金融市場が崩壊する中、ルネサンスへの投資意欲も失われていった。それでもメダリオンは混乱をよそに成功し、その年には八二パーセントの収益を上げて、シモンズは二〇億ドルを超える個人資産を手にした。その莫大な収益に目を付けた下院の委員会は、金融崩壊の原因調査の一環としてシモンズに証言を求めた。そこでシモンズは、広報担当顧問ジョナサン・ガストホルターとともにこつこつと準備を進めた。そして議事堂で、右側に同業のヘッジファンドマネージャーのジョージ・ソロス、左側に同じくジョン・ポールソンと並んで座り、ヘッジファンドに規制当局への情報提供を義務づける措置に賛成して、ヘッジファンドマネージャーへの課税強化を支持すると述べた。

しかしシモンズは、この公聴会でも金融業界自体でも、いわば下っ端だった。すべての視線はポールソンやソロスなど、シモンズと違って金融崩壊を見事予測していた投資家に注がれた。彼らは昔ながらの投資研究によって予測に成功していて、そうした従来型の手法がいまだに有効で魅力的であることを人々に思い起こさせたのだ。

住宅市場の急騰にポールソンが初めて懸念を抱いたのは、二〇〇五年、仕事仲間のパオロ・ペレグリーニが、住宅価格が四〇パーセントも割高であることを示す価格チャートを描き出したときだった。ポールソンは、手を伸ばした先にチャンスがあると悟った。

そしてペレグリーニに「バブルだ！　これが証拠だ」と言った。

ポールソンとペレグリーニは、きわめてリスクの高い住宅ローンに対する保険商品をクレジット・デフォルト・スワップの形で購入し、二〇〇七年から〇八年にかけて思いがけず二〇〇億ドルの収益を上げた。ベテランのヘッジファンド投資家であるジョージ・ソロスもクレジット・デフォルト・スワップに賭け、一〇億ドルを超える収益を出した。[3]三九歳で童顔のデビッド・アインホーンは、二〇〇八年五月に開かれた業界の会合で、投資銀行リーマン・ブラザーズが不動産関連の数十億ドルの損失を免れるために不正な経理操作をおこなったと糾弾し、拍手喝采を浴びた。この年にリーマン・ブラザーズが破産を宣告してアインホーンの主張は裏付けられ、のちにアインホーンはその成功の理由に

「批判的思考《クリティカルシンキング》の手腕」を挙げた。[4]

教訓は明らかだった。市場の裏を掻くことは可能だ。必要なのは、勤勉さと知性、そしてすさまじい度胸だ。シモンズの定量的モデルや野暮ったい数学者やオタクの科学者は、確かに役には立つがあまりに理解しがたく、彼らの手法を貫くのはあまりに難しいと、ほとんどの人は判断した。

二〇〇八年、ＲＩＥＦは約一七パーセントの損失を出したが、ルネサンスの研究者は問題視しなかった。シミュレーションの範囲内だったし、同年のＳ＆Ｐ５００の下落率三七パーセント（配当を含む）に比べたら取るに足らないように思われた。ところが二〇〇九年、ＲＩＥＦが六パーセントの損失を出したのに対してＳ＆Ｐ５００が二六・五パーセント上昇すると、彼ら科学者も懸念を抱くようになった。ＲＩＥＦもメダリオンのように収益を上げてくれるとそれまで信じ込んでいた投資者たちも、ＲＩＥＦはまったく別のファンドだというルネサンスの説明を聞いて、この会社は危ないと突然気づかされた。中には、ＲＩＥＦが困難な状況なのにメダリオンはいまだ大きな収益を上げていて、何か不正がおこなわれているに違いないと疑《うたぐ》る人もいた。

もはやシモンズへの尊敬の念を失っていたＲＩＥＦの投資者たちは、二〇〇九年五月の電話会議で、七一歳のシモンズに厳しい質問を浴びせた。するとシモンズは、「市場の極端な反発」の最中にＲＩＥＦは「パフォーマンスの猛攻撃」に見舞われた、と伝えた。そして、「顧客の不安はもちろん理解しています」と述べた。[5]

投資者が離れはじめたＲＩＥＦは、まもなくして資産規模が五〇億ドルを下回った。株式先物の取引のためにシモンズが立ち上げた二つめのファンドも不調で、投資者を失う一方、新規顧客もいなくなった。

「俺たちのファンドに手を出す顧客なんて世界中で一人もいなかっただろう」と、上級営業担当者のドワイヤーは言う。

一年後、ＲＩＥＦがますます期待外れの運用成績を上げると、七二歳になっていたシモンズは、会社の灯《ともしび》をブラウンとマーサーに引き渡す潮時と判断した。メダリオンはいまだに活況だった。いまや一〇〇億ドルの資産を運用していて、一九八八年以降、手数料差し引き後で平均約四五パーセントの年間収益を上げつづけ、ウォーレン・バフェットなど投資界のスターたちの収益を上回っていた（バフェットの投資会社バークシャー・ハサウェイは、一九六五年に彼が引き継いでからこの時点まで、年間二〇パーセントの収益を上げていた）。

しかしブラウンはある記者に、わが社はＲＩＥＦやＲＩＦＦを存続させるかどうかさえ決めかねていると語り、投資家たちが定量的方法論に幻滅していることを改めて知らしめることとなった。

「売れないという判断になったら、その事業を続けるのは好ましくないという決定を下す」とブラウンは述べた。

シモンズはというと、二〇年以上にわたってひたすら莫大な資産を蓄えていた。そしてここにきて、それを使おうという気持ちが芽生えてきた。

第14章

トランプ政権の立役者

シモンズの新たな関心

ジム・シモンズは金儲けが好きだった。そして使うのも好きだった。

ルネサンスから身を退き、これまでにおよそ一一〇億ドルの資産を手にしていたシモンズは、全長二二〇フィート〔約六七メートル〕の自家用ヨット、アルキメデス号で過ごす時間が増えていった。古代ギリシャの数学者兼発明家の名前が付けられた、総額一億ドルのこのヨットには、二〇人が座れる整然としたダイニングルーム、薪《まき》を燃やすタイプの暖炉、広いジャクジー、そしてグランドピアノが備えられていた。シモンズはときに、自家用機ガルフストリームG450に友達を乗せて外国に送り届け、超大型ヨットでやって来た自分とマリリンが現地で合流した。

そのヨットの存在感に現地のマスコミは関心を寄せ、いまだに秘密主義の年老いた数学者は、なんとも似つかわしくないことに世界中でタブロイド紙の餌食となった。

シモンズが何人かのゲストを乗せてスコットランドのストーノウェイに寄港し、日帰り旅行に出掛けると、ケニー・マクレーという名前のタクシードライバーはタブロイド紙『スコティッシュ・サン』に、「すごく地に足の着いた人だった。チップもそこそこくれたよ」

と語った。[1]

数年後にイングランドのブリストルを訪れたとき（BBCは、シモンズがこの街にやって来たのはイギリスのサッカーチームを買収するためかもしれないと勘ぐった）、アルキメデス号はそれまでにこの街に寄港した中でも屈指の大きさの船だった。シモンズが暮らしていたのは、ニューヨーク市の五番街に戦前から立っている、セントラルパークの眺望が見事な石灰岩造りのビルの、価格五〇〇〇万ドルの部屋だった。朝はときどき、同じビルに住むジョージ・ソロスと出くわした。

何年か前にマリリンが衣装室に場所を作って、家族の財団を立ち上げていた。そしてジムと一緒に、ストーニーブルック校などの教育機関に三億ドル超の寄付をした。シモンズはルネサンスから距離を取るにつれて、妻との慈善事業にますます直接的に関わるようになった。何よりも大きな問題に挑むことを好んだ。そしてまもなくマリリンとともに、是が非でも解決法が望まれる二つの分野に狙いを定めた。自閉症の研究と数学教育である。

親戚の中に自閉症と診断された人がいたシモンズは、二〇〇三年、一流科学者を呼び集めてこの発達障害について議論させた。そして新たな研究に一億ドルの資金を提供し、この分野で最大の個人寄贈者となった。三年後には、この事業を拡充させるために、コロンビア大学の神経生物学者ジェラルド・フィッシュバックに声を掛けた。研究チームは数年をかけて、数千人の自閉症患者とその家族の遺伝子サンプルを集め、それをサイモンズ・シンプレックス・コレクションと名付けた。このプロジェクトのおかげで、自閉症に関連した遺伝子が一〇〇個以上特定され、この病気の生物学的機構の解明が進んだ。のちにこの財団に後押しされた研究によって、自閉症に関与していると考えられる変異が複数発見されることとなる。

また、テクノロジー企業や金融会社が数学に強い人材をかき集める一方で、数学の教育を十分に受けていない数学教師がアメリカの公立学校で増えていることに、シモンズは不安を募らせた。そこで二〇〇〇年代初めにワシントンDCに赴き、優秀な数学教師に手当を支給して民間企業に移る気をなくさせるというアイデアを提案した。そして、ニューヨーク州選出の民主党上院議員で影響力を持つチャック・シューマーをものの数分で口説き落とし、この案への支持を取り付けた。

「素晴らしいアイデアだ！　すぐに進めよう」とシューマーは乗ってきた。

喜んだシモンズと一人の仲間は、シューマーのオフィスの外に置いてあるソファーに身を預けた。別の陳情グループがソファーから立ち上がってシューマーのオフィスに入ると、彼らの売り込みの言葉と議員の返事が聞こえてきた。

シューマーはまたしても、「素晴らしいアイデアだ！　すぐに進めよう」と言っていた。

政治家は頼りにならないとシモンズは気づかされた。そこで二〇〇四年、数学教育の推進と優秀な教師の支援に専念する非営利団体、マス・フォー・アメリカの設立に助力した。のちにこの財団は年間数百万ドルを使って、ニューヨーク市の公立中等学校に勤める数学および科学の教師のうち上位一〇〇〇人（両教科の教師の約一〇パーセントに相当）に年間一万五〇〇〇ドルの手当を支給することとなる。また、セミナーやワークショップを開催して、熱心な教師のコミュニティーを築いた。

「悪い教師を懲らしめるんじゃなくて、良い教師を褒め称えることに集中する。地位とお金を与えれば、教育界に残ってくれる」とシモンズは言う。

シモンズはルネサンスの会長と主要株主にとどまっていて、ブラウンやマーサーらと定期的に連絡を取り合っていた。ときには昔を振り返りながら、会社から手を引くのは難しいものだと打ち明けた。

ある日、マリリンに「人ごとみたいだ」とつぶやいた。[2]

やがてシモンズは、慈善事業もかつての数学や金融市場で経験したのと同じくらいやりがいがあると気づき、気持ちを高ぶらせることとなる。

マガーマンの復帰

デビッド・マガーマンは、妻と三人の幼い子供を連れてフィラデルフィア郊外へ移り住み、ルネサンスでのさまざまな軋轢《あつれき》を忘れて、人生の新たな意義、そしておそらくはひとかどの平穏を探し求めた。マガーマンは社会に良い影響を与えたいと思っていた。ルネサンスの事業にいっさいの良心の呵責《かしゃく》を感じていなかったシモンズと違って、不信の念、さらには少々の罪悪感まで抱いていた。それまで何年もの人生を費やして、ルネサンスの裕福な社員たちがますます金持ちになるための手助けをしていた。そこで今度はほかの人たちを助けたいと思った。

マガーマンはシモンズと違って億万長者までにはなっていなかったが、長年にわたる高額なボーナスとメダリオンへの投資による莫大な収益のおかげで、ルネサンスを辞めるときには五〇〇〇万ドルを優に超える資産を持っていた。現代正統派ユダヤ教の生活スタイルを取り入れたマガーマンは、二〇〇八年の経済危機で打撃をこうむったこの地域の貧困学生やユダヤ教の昼間学校に数千万ドルの寄付を始めた。やがて独自の財団と高校を設立した。

だが、新たな人生が大きな安らぎをもたらすことはなかった。慈善事業の世界に強硬な持論を持ち込んで、あまりに多くの要件や条件を押しつけたため、地元のリーダーの中にはマガーマンの寄付を断る者も出てきて、心を傷つけられたのだ。あるときなどは、中等学校の保護者グループとの怒鳴り合いに巻き込まれた。その一方で、母校であるペンシルベニア大学の教官になって電気・システム工学科で教鞭《きょうべん》を執り、定量的ポートフォリオ管理の科目を教えた。しかし、そこでも意見の対立が起こった。

「学生たちは俺のことが好きじゃなかったし、俺もあいつらのことが好きじゃなかった」とマガーマンは言う。

マガーマンはウィル・フェレル主演の映画 *Everything Must Go* に出資し、映画はそこその評価を受けたものの、マガーマンはその出来にがっかりして最終編集版も観なかった。出資した別の映画、ジェニファー・ラブ・ヒューイット主演の『恋するＣａｆｅ』は、ヒューイットとその恋人を自宅のホームシアターに招いて観劇したが、こちらも気に入ることはなかった。[3]

さまざまな失敗はあったものの、マガーマンはクオンツとしては珍しく、自分をある程度客観的に認識することができた。そこでセラピストの助けを借りて、自分の挑戦的な気性を削《そ》ぎ落とす、あるいは少なくとも弱めることに取り組みはじめ、どうやら改善を見せたらしい。

ルネサンスを辞めてから二年後の二〇一〇年、マガーマンは復職したくてたまらなくなった。プログラミングから離れて少々退屈していたからだが、二度と家族を振り回したくはなかった。そこでピーター・ブラウンに連絡を取って、自宅からリモートで仕事をする手はずを整えた。面と向かった口論を避けられそうにない人物にとっては、完璧な解決法である。


退職したときマガーマンは、ルネサンスのすべてのコンピュータ株式トレーディングを担うソフトウェアを管理していた。いまやそれはコノネンコが引き継いでいて、大きな収益を上げていた。そのグループに戻ることは考えられなかった。そこで代わりに、債券やコモディティや通貨のトレーディング事業に関わる研究に取り組みはじめた。まもなくして再び重要な会議に参加するようになって、その押しの強い声がルネサンスの会議室の天井からスピーカーを通じて轟《とどろ》きわたり、同僚たちは「神の声」を聴いているようだと冗談を言った。

「試してもうまくいかないことはあるもんだ」とマガーマンは言う。

復職したときのルネサンスは、マガーマンが思っていたよりも地に足が着いていた。以前ほど平等ではなかったが、チームはいまだにうまくまとまっていて、危機感も高まっているようだった。この頃にはＲＩＥＦが十分に収益を持ち直し、ブラウンとマーサーは、後発のファンドであるＲＩＦＦとともに運用を続けることを決定していた。二つのファンドを合わせると運用資産は六〇億ドルで、三年前の三〇〇億ドル超よりは減っていたが、少なくとも投資者が手を引くことはなくなっていた。

いまだ社員しか投資できないメダリオンが、依然として会社の屋台骨となっていた。このときにはおよそ一〇〇億ドルを運用して、手数料差し引き前で約六五パーセントという、記録に迫る年間収益を上げていた。メダリオンの長期的な運用成績は金融市場の歴史上おそらく最高で、投資家たちはこの秘密主義の会社に興味を惹かれていった。『エコノミスト』誌は二〇一〇年、「存在するのはルネサンス・テクノロジーズと、その他各社だけである」と評した[4]。

いまだにメダリオンは、長期的および短期的なポジションをつねに何千件も所有して、保有期間は一日ないし二日から一週間ないし二週間におよんでいた。取引をさらに高速化させていて、「高頻度」と形容する者もいたが、取引の多くはヘッジングのためか、またはポジションを徐々に増やすためだった。ルネサンスはいまだにデータの収集とクリーニングを重んじていたが、リスク管理やそのほかのトレーディング手法も洗練させていた。

「トレーディングのあらゆる面で俺たちが最高かどうかは分からんが、取引コストの見積もりにかけては最高だ」とシモンズは、いまから二年ほど前にある仲間に語っている。

さらに複雑化するトレーディング

ルネサンスの組織は、マガーマンが辞める前と比べていくつかの点で強力になっていた。このときには社員は約二五〇人、博士は六〇人を超えていて、その中には、人工知能の専門家や量子物理学者、コンピュータ言語学者や統計学者や数論学者など、さまざまな分野の科学者や数学者も含まれていた。

見過ごされていた市場のパターンを特定する上では、込み入った大量のデータを精査して微《かす》かな現象の証拠を見つけるのに手慣れた天文学者が、とくに秀でていた。たとえばエリザベス・バートンは、ハーバード大学で博士号を取得して、ハワイなど何カ所かの望遠鏡を使って銀河の進化を研究したのちに、ルネサンスに入社した。徐々に人材の多様性を増したルネサンスは、エルウィン・バーレカンプの教え子で量子コンピューティングの専門家であるジュリア・ケンプも雇った。

メダリオンはいまだに債券やコモディティや通貨の取引をおこなって、トレンドのシグナルや回帰予測シグナルに基づいて収益を上げており、その中でもとくに効果を発揮したのが、「デジャブ」というその名のとおりのシグナルだった。しかし以前にも増して推進力となっていたのは、たとえばコカ・コーラ株を買ってペプシ株を売るといった単純な「ペアトレード」でなく、複雑なシグナルを組み合わせた込み入った株式取引だった。

一件の取引による収益はけっして大きくなかったし、予測が当たるのは二回に一回をわずかに上回るにすぎなかったが、それでも十分すぎるほどだった。

マーサーはある友人に次のように語った。

「一〇〇回中五〇・七五回しか当たらないが……、五〇・七五回は一〇〇パーセント当たる。そうすれば億万長者になれる」

会社のトレーディングの強みを詳しく明かそうとはしなかったようだ。それよりも強調したのは、同時におこなう何千件もの取引の中でわずかに優位に立ち、それを必要十分な規模で一貫しておこなうことで、莫大な収益を上げるという点だった。

そのように確実に得られる収益を上げていくという発想が鍵だった。株式などの投資商品は、どんなに手慣れた投資家でも理解できないような多くの要因や力から影響を受ける。ふつうの投資家なら、たとえばグーグルの親会社であるアルファベットの株式の騰落を予測する際には、企業収益や金利のトレンドやアメリカ経済の健全性などを予想しようとする。あるいは、ネット検索やオンライン広告の将来性、テクノロジー産業全体の見通し、世界的企業の今後、さらには、収益や簿価などに関する指標や比率などを予想しようとする。

だがルネサンスの社員たちは、投資商品に影響を与える要因はもっとたくさんあって、その中には容易には見つからないものや、ときには道理に合わないものもあるという結論に至った。そして、何百種類もの金融指標、ソーシャルメディアへの投稿、ネット上を流れるデータ量の指標など、定量化して検証できるほぼあらゆるものを分析評価することで、ほとんどの人はぎりぎり理解できないようなものも含め、数々の新たな要因を見つけ出した。「そのような非効率性はすごく複雑で、市場の中にいわば暗号として隠されている。ルネサンス・テクノロジーズはそれを解読している。長い時間軸、さまざまなリスク要因、いくつものセクターや産業にわたって見つけている」とある社員は言う。

さらに重要な点がある。ルネサンスは、それらのあらゆる力のあいだに確実な数学的関係性が存在すると結論づけたのだ。研究者たちはデータサイエンスを応用することで、さまざまな要因がどんなときに関わってくるか、互いにどのように関連しているか、どのような頻度で株式に影響をおよぼすかを、より深く把握できた。また、ほかの投資家が気づいていないか、または完全には理解していないような、さまざまな株式のあいだの微妙な数学的関係性（社内では「多次元アノマリー」と呼んでいる）を探り出しては検証した。

ルネサンスの元幹部は次のように言う。

「企業どうしは複雑な形で互いに結びついているのだから、そのような関係性は必ず存在する。その相互関連性はモデル化して精確に予測するのが難しいし、刻々と変化する。ルネサンス・テクノロジーズが開発したマシンは、この相互関連性をモデル化して、その振る舞いを時々刻々と追跡し、価格がそれらのモデルから外れたと思われたときに賭ける」

外部の人にはあまり理解されなかったが、本当の成功の鍵は、これらの要因や力をどのようにして残らず自動トレーディングシステムに組み込むかという、工学的な面にあった。ルネサンスは何千行ものソースコードに基づいて、ポジティブなシグナル（多くの場合は散発的な複数のシグナル）を示した株式を一定の数量買い、ネガティブなシグナルを示した株式を空売りした。

ある上級社員は次のように語る。

「この株が上がるだろうとか下がるだろうとか説明できるような、個別の賭けはしない。どの賭けも、ほかのすべての賭け、わが社のリスクプロファイル、そして、近い将来または遠い将来に予想される行動に基づいて決まる。それは巨大で複雑な最適化計算であって、その前提となっているのは、未来を十分に精確に予測すれば、その予測に基づいて儲けることができるし、リスクやコスト、影響や市場構造を十分に理解すれば、徹底的にてこ入れできるという考え方だ」

ルネサンスが何に賭けていたかと同じくらい重要なのが、どのように賭けていたかである。何か儲けにつながるシグナル、たとえばドルが午前九時から午前一〇時までに〇・一パーセント値上がりするというシグナルを見つけても、時計の針がちょうど九時を指したときにドルを買ってしまったら、ほかの投資家に、その時刻になったら必ず値が動くということを悟られかねない。そこで、その一時間のあいだに、予測できないような形で買いを分散することで、トレーディングシグナルが失われないようにする。メダリオンは、競争相手に悟られないよう値動きを「キャパシティーする」（内輪での呼び方）ことで、きわめて強いシグナルに基づくトレーディングをおこなう方法を編み出した。それはちょうど、ディスカウントストアのターゲットで売れ筋商品が大幅に値下げされると聞きつけて、開店直後にその値下げ商品を残らず買い占め、セールになったことを誰にも悟られないようにするようなものである。

「一つのシグナルに基づいて一年間トレーディングをしていても、わが社の取引のしかたを知らない人にとっては、そのシグナルはまったく違うように見える」とある内部関係者は言う。

シモンズはこの方法論のあらましを、二〇一四年に韓国でおこなった講演の際に次のように説明した。

「機械学習の大規模活用ととらえることもできる。過去を調べた上で、いま何が起こっていて、それが将来に非ランダムな形でどのような影響を与えるかを理解するのだ」[5]

保守に傾倒するマーサー

長いあいだボブ・マーサーはルネサンス社内で、変わり者ではあるがおおむね優しい人物だった。白髪だが眉毛は黒く、ワイヤーフレームのめがねと高価な靴を好んでいた。しょっちゅう口笛を吹いたり、リベラルな同僚をからかったりはしたものの、たいていはピーター・ブラウンとしか話をしなかった。

「あいつがいろんなアイデアを考えつく。俺がそれを言葉にまとめる」とブラウンはある仲間に、おそらく必要以上に謙遜して語っている。

マーサーは人付き合いが本当に嫌いだった。あるとき同僚に、人間よりも猫と一緒にいるほうがいいと言った。夜には、「フクロウの巣」――賢くて冷静、長い時間黙っていることで知られるもう一つの生き物――と名付けたロングアイランドの邸宅に引きこもり、バスケットボールコート半面分に張りめぐらせた線路に二七〇万ドルの列車の模型を走らせて遊んだ[6]（二〇〇九年、その模型を七〇万ドル高く売りつけられたとしてメーカーを訴えた。それに対してメーカーは、マーサーの娘の結婚式直前に急いで線路の設置を終わらせるよう求められたために、費用がかさんだのだと反論した）。「誰とも口をきかなくても楽しい人生を送っている」とマーサーは二〇一〇年に『ウォール・ストリート・ジャーナル』に語っている。[7]

知り合った人ならすぐに気づいたとおり、マーサーは政治的に保守派で、全米ライフル協会の会員としてマシンガンを何丁も集め、アーノルド・シュワルツェネッガーが映画『ターミネーター』で使ったガス駆動式のＡＲ－18突撃銃まで持っていた。[8] しかしルネサンスの関係者の中で、わざわざ時間を割いてまでそのような考え方を相手にする人はほとんどいなかった。

「ボブは、政府から自分の身を守る必要があるとか、銃と金《きん》を持つ必要があるとかといった話をしていた。本気だとは思わなかった」とメダリオンへの初期の投資者は言う。

マーサーは一年か二年に一度、数日の休暇を取ってオハイオ州立大学を訪れ、大学院時代の仲間と一緒にコンピューティングの研究プロジェクトに取り組んだ。近くのステーキハウスでグループのメンバーにたびたびランチをおごり、自分でほとんど平らげては穏やかな笑みを浮かべた。研究プロジェクトと関係のない話になると、たいてい税金への不満や気候変動への懐疑論を語っていたと、物理学教授のティム・クーパーは振り返る。あるときには、統計値を次々にまくし立てて、自然界は人間よりも多量の二酸化炭素を排出していることを証明した。のちにクーパーがデータをチェックしてみると、確かにそのとおりだったが、自然界は人間と違って放出するのと同じ量の二酸化炭素を吸収しているという事実を、マーサーは見過ごしていた。

「あいつは誰かに担がれているんじゃないかと思った。どんなに賢い男でも、木を見て森を見ないってことがあるんだな」とクーパーは言う。

マーサーの家族の財団は、二〇〇八年までもっぱら、主流から外れた活動に寄付をしていた。寄付先の一人である、オレゴン州南部に住む生化学者のアーサー・ロビンソンは、尿が長寿の鍵を握っていると信じて、人の尿のサンプルを何千個も収集していた。マーサーも購読していたロビンソンのニュースレターには、低レベルの放射線被曝は有害どころか逆に有益かもしれないとか、気候科学はでっち上げであるとかと論じられていた。マーサーはロビンソンに、大量の尿サンプルを保管する冷凍庫の購入資金として一四〇万ドルを寄付した。[9]

二〇〇八年にバラク・オバマが大統領に選出されると、いまや数億ドルの資産を持っていたマーサーは、多額の政治献金をしはじめた。二年後にロビンソンが連邦議会選挙に出馬すると、税の抜け穴を塞いで特定の金融取引に新たな税金を課すことを目指す、対抗馬の民主党下院議員ピーター・デファジオへの中傷広告のために、三〇万ドルを提供した。しかし、その広告のスポンサーが自分であることをロビンソンにはけっして明かさなかった（ロビンソンは敗れたが、驚くほどの僅差だった）。

マーサーが右翼の寄付者として注目を集めはじめると、共和党支持者のあいだに戸惑いが広がった。本格的に寄付する人の多くは政治家に何かしら望んでいるものであって、何を要求しているかは比較的はっきりしているものだ。しかしマーサーはけっして、献金に対する大きな見返りを求めなかった。政治工作員たちは、マーサーは稀《まれ》なタイプの人間で、長年抱いている信念に突き動かされるイデオロギー信奉者だと判断した。マーサーは政府に強い疑念を抱いていて、既成権力に対する敵意をあらわにしていた。その一因は、ニューメキシコ州の空軍基地で不快な夏にコードを書かされたことだった。また多くの保守派と同じく、ビルとヒラリーのクリントン夫妻のことも激しく忌み嫌っていた。

二〇一〇年に六四歳になった頃には、政府は無能な連中に権限を与えるものなので、社会での政府の役割は最小限に抑えるべきだと信じ込んでいた。人生のほとんどを民間企業で働いて、公共サービスにはあまり関心を示していなかったのだから、この見方のきっかけとなるような経験は多くはなかったはずだ。それでも政治の失策や議員の偽善的振る舞いには苦しめられたのだと、同僚たちは語っている。マーサーは会話の中で、個人の自由の重要性を力説した。マーサーのことを「極端な自由主義論者」とみなす人もいた。背が高くてがっしりしていて男前、資本主義を熱心に支持し、つねに理性的で自制心のある個人主義者のマーサーは、まさに作家のアイン・ランドが思いつきそうなヒーロー像だった。

莫大な富を手にしたマーサーは、国の行く末を変えるために何かしたいと思った。タイミングは完璧だった。二〇一〇年に連邦最高裁判所がシティズンズ・ユナイテッドvs連邦選挙管理委員会の裁判で、裕福な寄付者などが選挙資金を提供することは憲法修正第一条で守られている表現の自由の一種であるという、画期的な判断を下したのだ。この判決によって、正式に選挙運動と連携しない限り候補者への支援金を上限なしに受け取ることのできる、特別政治活動委員会への道が開かれた。

この判決を受けてシモンズが民主党の活動に多額の寄付をしはじめた一方、マーサーは共和党の政治家への支援をさらに強めた。しかし、表に出たがらない性格と、ルネサンスに集中していたことで、支援活動には限界があった。そこで代わりに二女のレベッカが、保守派の資金集めイベントなどの集会に姿を現し、表の顔として一家の政治的戦略を推し進めるようになった。

マーサーの活動を後押しする娘レベッカ

レベッカはかなり人目を惹いた。友人や家族からは「ベッカ」と呼ばれていて、背が高く髪は赤褐色だった。一九五〇年代風のキラキラした吊り目型のめがねがお気に入りで、女優のジョーン・キューザックに似ていた。スタンフォード大学で生物学と数学を学んで卒業し、ルネサンスでマガーマンのもと数年間働いたのちに、自宅で四人の子供を教育するために退職して、姉妹たちとともに高級クッキー店の経営に関わった。

初めて新聞の大見出しに取り上げられたのは、二〇一〇年春、当時の夫シルバン・ミロクニコフとともに、マンハッタンのアッパーウエストサイドにそびえる四一階建てのヘリテージ・アット・トランプ・プレイスの六つの区画を二八〇〇万ドルで購入し、三フロア分を占める17LDKの住居を手にしたときのことだった。その広さは、ニューヨーク市長が暮らすグレイシー・マンションの二倍もあった。[10]

レベッカと父親はしばらくのあいだ伝統的な右翼グループや活動を支援し、その中には、億万長者で実業家であるチャールズとデビッドのコーク兄弟やヘリテージ財団が創設した保守派の政治活動委員会、フリーダム・パートナーズ・アクション・ファンドも含まれていた。ときには、父娘で腕を組んで共和党の資金集めイベントに姿を現すこともあった。おもに話をするのは社交的なレベッカで、父親はその後ろに黙って立っていた。

だがまもなくして、マーサー父娘は体制的な組織に耐えきれなくなり、もっと物議を醸す活動になびいていった。そして、ロワーマンハッタンにある世界貿易センタービルのグラウンドゼロのそばにモスクを建てる案を非難するキャンペーンを展開するグループに、一〇〇万ドルを寄付した。[11] 二〇一一年に父娘はある会合で、保守派の扇動家アンドリュー・ブライトバートと出会った。そしてその場で、彼が運営する極右のニュース配信組織、ブライトバート・ニュース・ネットワークが活動資金の寄付を募っていることに関心を寄せた。ブライトバートからゴールドマン・サックスの元幹部社員で友人のスティーブ・バノンを紹介され、そのバノンが、マーサー家がブライトバート・ニュース・ネットワークの経営権の五〇パーセント弱を一〇〇〇万ドルで買収するための条件規定書を書いてくれた。

二〇一二年三月、ブライトバートはロサンゼルスの歩道で倒れ、四三歳で心不全により世を去った。バノンとマーサー父娘はネットワークの今後を決める緊急会合をニューヨークで開き、バノンが取締役社長に就任することを決めた。やがてこのサイトは、白人の優位性を教義として守り、移民や多文化主義を脅威とみなす複数のグループの緩やかな集合体である「オルタナ右翼」のあいだで人気を博した（バノンは経済的国家主義者を自称し、人種主義者が団結してポピュリズム運動を「一掃する」と説いた）。

二〇一二年の大統領選挙でミット・ロムニーが敗れると、マーサー父娘は体制にますます幻滅するようになった。その年、レベッカは、ニューヨークのユニバーシティクラブでロムニー支持者の群衆を前に登壇し、共和党を痛烈かつ事細かに批判した上で、共和党のデータ不足と選挙活動のせいで何人もの候補者が撤退させられたと主張した。そして、「いまこそアメリカが社会主義のヨーロッパのようになることを食い止めなければならない」と説いた。[12]

イギリスの行動調査会社SCLグループのアメリカ子会社である、ケンブリッジ・アナリティカという分析会社へ投資するマーサーを、バノンはブローカーとして手助けした。ケンブリッジ・アナリティカが専門に扱っていたのは、マーサーがルネサンスで常日頃分析していたたぐいの高度なデータで、レベッカはその手の情報が共和党には欠けていると訴えた。そして、マーサー一家が支援する各組織に、ケンブリッジ・アナリティカの高度な技術力を活用するよう迫った。

民主党の世論調査員から一転して民主党批判に回ったパトリック・カデルが、二〇一三年にボブ・マーサーに提供したデータによれば、有権者は民主、共和どちらの党からも、またほとんどの主流候補者からも気持ちが離れつつあることがうかがわれた。そこでマーサーは、独自にデータを集めるとともに、カデルに再び世論調査をおこなうよう依頼した。そして、大きな変化が起こりつつあると結論づけた[13]。

「なんてこった、まったく新たな世界だ」とマーサーはカデルに言った。

ブレグジットを支援

二〇一四年二月、マーサーを含む保守派の寄付者たちがニューヨークのピエールというホテルに集まって、二〇一六年の大統領選の作戦を練った。その場でマーサーは、入手したデータによると、ジェブ・ブッシュやマルコ・ルビオなど主流派の共和党候補が勝つのは難しそうだと語った。そして、有権者の不満を感じ取れる真の部外者でないと勝利にはつなげられないだろうと訴えた。だが居合わせた人たちは、マーサーのデータにさほど納得しなかったらしい。

マーサー父娘は、ワシントンを一新させる部外者を探しはじめた。

「哲学的な問題だ。体制派はつまずいて私利私欲に走ろうとしていると二人は考えている」とカデルは語った。

マーサー父娘はバノンに助言を求めた。この政治的扇動家が言っていたとおり、ちょうどその頃、ブライトバートのアクセス数が急上昇していた。マーサーの所有する全長二〇三フィート〔約六二メートル〕のヨット、シーアウル号――またフクロウ《アウル》だ――に招待された半ズボン姿のバノンは、居合わせた人たちによると、思うがままに悪態をつき、げっぷをし、まるで近しい間柄かのように延々としゃべっていたという。そんなバノンはマーサー父娘に、どの政治団体やマスコミに出資すべきかを助言し、寄付先候補の代表者たちをトランプ・プレイスにあるレベッカの住居に案内した。※

マーサーの影響力は大西洋を越えて広がった。二〇一二年、ロンドンにオフィスを開設したブライトバートは、政治家で元コモディティトレーダーのナイジェル・ファラージによる、イギリスのEU離脱を求める主張を傍流から主流に押し上げようという新たな取り組みを支援しはじめた。そしてマーサーとファラージは交友関係を築いた。

二〇一五年にケンブリッジ・アナリティカは、イギリスのEU離脱を推進する政治団体、Leave.EU のリーダーたちを支援する方法を議論した。この二団体どうしのEメールのやり取りにはバノンも加わっていたが、バノンがEメールを読んだり返信したりしたかは定かでない。翌月に Leave.EU は、EUからの離脱を決める国民投票の実施を支持するようイギリスの有権者に訴えるキャンペーンを公式に立ち上げた。のちにケンブリッジ・アナリティカの役員たちは、Leave.EU の支援に携わったことを否定している。[14]

「この会社は、たとえその運動に資金を提供していなかったとしても、Leave.EU のキャンペーンの基礎を早いうちに固める役割は果たした」と、ジャーナリストのジェーン・メイヤーは論じている。[15]

二〇一六年六月、国民投票によってイギリスのEU離脱が決まった。ファラージはそのキャンペーンのリーダーの一人だったが、Leave.EU がこの運動の正式な団体に選ばれることはなかった。

「ブライトバートがなかったらブレグジットは起こらなかっただろう」とファラージは言う。[16]

トランプ陣営の支持へ

二〇一六年の大統領選に向けた運動が進められる中、当初マーサー父娘が支持していたのは、二〇一三年に財政の懸念をめぐって政府機関の閉鎖を容認したテキサス州選出の

※バノンにコメントを求めたところ、大統領選およびマーサー父娘との関係をめぐる一連の出来事に関することの記述には「事実誤認」がいくつかあると言ってきたが、どこが不正確なのか具体的には指摘しなかった。そして、「あのよぉ、これは俺の本じゃねえんだ」とEメールで伝えてきた。

上院議員、テッド・クルーズだった。父娘はクルーズを支援する特別政治活動委員会に一三〇〇億ドルを超える寄付をしたが、五月にクルーズが選挙戦から撤退すると、レベッカはドナルド・トランプの娘イバンカとその夫ジャレッド・クシュナーから、トランプ・タワーでの昼食会に招待された。三人はサンドイッチとサラダを囲みながら、幼い子供の育児などの話題で親交を深めた。[17]

まもなくしてマーサー父娘は、共和党の有力候補者となっていたトランプの支持に回った。そしてヒラリー・クリントンと戦うための特別政治活動委員会を設立し、共和党のベテラン世論調査員ケリーアン・コンウェイに組織の運営を託した。こうして父娘は、トランプの最大の金銭的支援者となった。

夏の盛り、トランプはクリントンに水を開けられていて、勝利は不可能と思われていた。八月一三日土曜日の『ニューヨーク・タイムズ』は、トランプの選挙運動の混乱ぶりを第一面で伝えた。トランプは演説にテレプロンプターを使おうとせずに言い淀《よど》むことがあったし、厄介な情報漏洩を抑えることもできなかった。共和党への献金者が次々に離れていったことで、クリントンの地滑り的勝利はありうるし、その可能性も高いと思われていた。

その日、ボブ・マーサーはバノンに電話をかけ、形勢逆転のために何ができるだろうかと尋ねた。そこでバノンはいくつかアイデアを挙げた。その一つが、コンウェイをもっと頻繁にテレビに登場させてトランプを擁護させるというものだった。

「それはいいアイデアだな」とマーサーは話に乗った。

マーサー父娘はその日のうちにヘリに乗り込み、イーストハンプトンの海辺に立つ、ニューヨーク・ジェッツのオーナー、ウッディ・ジョンソンの邸宅に向かった。そこには、ウォール街の投資家カール・アイカーンやスティーブ・ムニューシンなどの共和党支援者が、トランプと会うために集まっていた。『タイムズ』の記事によると、レベッカは脇目も振らずにトランプに近づいていったという。

「まずいんだ」とトランプは認めた。

するとレベッカは、「まずくはありません。もう大丈夫です。あなたが何も変えない限りは」と答えた。

そして、選挙の行方をひっくり返す方法があると持ちかけた。

「スティーブ・バノンとケリーアン・コンウェイを引き込むんです。二人には話してあります。やってくれるでしょう[18]」

翌日、バノンはUberに乗り込んで、ニュージャージー州ベッドミンスターにあるトランプ・ナショナルゴルフクラブに向かった。トランプがゴルフを一ラウンド終え、ホットドッグを何個かほおばり、締めのアイスクリームを平らげるのをいらいらしながら待った末にバノンは、言葉巧みに話を持ちかけた。

「あんたは間違いなく勝つよ。組織を整えるだけでいい」

まもなくしてバノンが選挙運動を指揮しはじめ、またコンウェイがマネージャーに就任して、しょっちゅうテレビに出演しては視聴者に強い印象を与えるようになった。バノンは選挙運動を徐々に秩序立った形に変え、トランプが二つのことだけに焦点を絞るよう取り計らった。その二つとは、クリントンの性格をけなすことと、「アメリカ・ファースト」という標語を付けた一種の国家主義を説くことである。この標語は、アメリカが第二次世界大戦に参戦してアドルフ・ヒトラーを敵に回すのを食い止めようとした短命の圧力団体、アメリカ・ファースト委員会を連想させた。

バノンはトランプの振る舞いを改めさせたが、過去の行動についてはなす術がなかった。一〇月七日に『ワシントン・ポスト』紙が、トランプがテレビ番組 *Access Hollywood* のカットされた部分の中で、女性たちとのキスや愛撫《あいぶ》やセックスについて露骨で卑猥《ひわい》な言葉で吹聴していたと報じた。

「大物なら好きなようにやらせてくれるさ」とトランプは自慢していた。

主流派の共和党員がトランプを非難した一方、マーサー父娘はすぐさま声高に支持を表明した。

「ロッカールームでのトランプ氏の自慢話にはいっさい関心がありません。この国を救わなければならず、救ってくれる人物は一人しかいません。われわれ、そして全国と世界中のアメリカ人は、ドナルド・J・トランプを断固支持します」

シモンズの戸惑い

ジム・シモンズは心をかき乱された。

幼なじみのジム・ハーペルとともに車でアメリカを横断して、マイノリティーなどの人たちの窮状を目の当たりにして以来、ずっと左寄りの政治観を抱いていた。ときには共和党の候補者を支持することもあったが、たいていは民主党の支持者を支援した。二〇一六年の中頃には、民主党の特別政治活動委員会、プライオリティーズUSAアクションのもっとも重要な支援者となり、民主党の上下両院選の候補者を積極的に支持していた。そしてその年の終わりまでに、民主党の活動に対して二七〇〇万ドルを超える献金をした。妻のマリリン・シモンズは夫よりもさらにリベラルだったし、息子ナサニエルも、トランプが選挙運動であざけったり無視したりしていた、気候変動の緩和とクリーンエネルギー政策に専念する非営利財団を設立していた。

ボブ・マーサーが政治的影響力を強めてトランプの選挙活動への支援を拡大させるにつれ、シモンズのもとには、友人などさまざまな人からいずれもおおむね同じ内容の不満が寄せられるようになった。「あいつをどうにかできないのか？」

シモンズは難しい立場にあった。マーサーがバノンと手を組んだことや、彼の政治的考えについては、少し前に知ったばかりだった。どうしたら科学者があそこまで気候変動の脅威に否定的になれるのか理解できなかったし、政治観もマーサーとは相容《あいい》れなかった。それでもマーサーのことを気に入っていた。確かに少し変わっていて、めったに話をしたがらないが、つねに好感が持てたし、自分のことを尊敬してくれていた。

「あいつはいいやつだ。自分の金なんだから好きなように使っていい。俺に何ができるって言うんだい？」とシモンズは友人に問い詰めた。

しかもマーサーは、メダリオンがいくつかの重要なブレークスルーを達成した際の立役者だった。シモンズは友人たちに、政治的信念を理由に誰かを解雇するのは違法であると釘を刺した。

またある人には、「仕事上の実績と政治観は別物だ」と語った。

メダリオンもＲＩＥＦも高い運用成績を上げていたし、マーサーはブラウンとともにルネサンスを見事に率いていた。ブラウン自身は、選挙にあまり時間を割いていなかった。

お金を使うのが好きではなかったし、ある友人に話したとおり、妻が政府でつらい経験をしたことで、政治嫌いに拍車が掛かっていた。その一方で、選挙によって金融市場の変動性が大幅に高まれば、ヘッジファンドは得をするかもしれないと、少なくとも一人の人物に語ってはいる。

マーサーの政治観に同調する者は社内に一人もいなかったし、社外での活動が会社に悪影響をおよぼしている明らかな徴候も見られなかったため、シモンズは行動に出ようという気を起こさなかった。

しかしそんな状況も、月日とともに変わっていくこととなる。

トランプ陣営

投票日、トランプのチームも、勝てる見込みはないだろうと考えていた。共和党のデータチームの予測によると、トランプは選挙人をせいぜい二〇四人までしか獲得できず、重要な激戦州でも大敗を喫するだろうとのことだった。トランプ・タワーの中にある、かつてテレビ番組『アプレンティス』のセットが置かれていた選挙運動作戦室で、スタッフたちは意気消沈していた。午後五時一分、バノンとコンウェイの近しい仲間で、ボブとレベッカの要請を受けて選挙運動に携わっていたデビッド・ボッシーのところに、初期の出口調査の結果を伝える電話がかかってきた。トランプは重要な一一の州のうち八つで五から八ポイント敗れているとのことだった。

ボッシーはその情報をトランプに伝えると、折りたたみ式携帯電話をぴしゃりと閉じて、部屋の反対端まで放り投げた。

そして誰に言うでもなく、「時間と金の無駄だった」と毒づいた。

九時頃、グレーのしゃれたスリーピーススーツを着たボブ・マーサーが作戦室に向かった。その恰好を見たバノンは、モノポリーというゲームのマスコット、リッチ・アンクル・ペニーバッグスを誰か呼んだのかと冗談を言った。部屋にはほかに、メラニア・トランプ、トランプの子供たち、副大統領候補でインディアナ州知事のマイク・ペンス、ニュージャージー州知事のクリス・クリスティーなどが集まってきた。彼らはピザをつまみながら、近くの壁に掛けられた、それぞれ別々のネットワーク局を映している六台の七五インチテレビを見つめていた。

がっかりするような数値が次々に流れてくるにつれ、トランプは不機嫌になっていった。

そしてチームに、「よぉ、天才さんたちよ。どうしたらこれでうまくいくってんだい?」と突っかかった。

ある時点でフォックス・ニュースのタッカー・カールソンが、「彼は勝てないでしょうね」とつぶやいた。

すると結果がひっくり返りはじめた。午前一時頃、トランプは有頂天になってボッシーに声を掛けた。「デイブ、信じられるか？　やっと面白くなりだしたぞ」

午前二時二〇分、コンウェイのもとにAP通信社の編集主幹から電話がかかってきた。

「どの州の話です？」とコンウェイは訊いた。

すると編集主幹は、「州じゃない。選挙自体の話だ」と答えた。[19]

選挙の行方

投票日が近づくさなか、シモンズは不安を表に出していた。クリントンはほとんどの世論調査でリードしていたが、戦略上の誤算を犯しているように思えた。クリントンのチームがシモンズに連絡してきて、もし年内にさらなる政治献金をしてくれるのであれば、それを上院の支配権確保に向けた民主党の活動に振り向けてほしいと頼んでいた。クリントン陣営は勝利を確信するあまり、自身の選挙運動への支援はもう必要ないと思い込んでいたのだ。

投票日の夜、ジムとマリリンは友人の家で選挙速報を観ていた。テレビの周りに集まっていたのは全員がクリントン支持者で、彼らはそわそわしながらも楽観的だった。ところが、結果が次々と伝えられて、トランプに勝てる見込みがあることが徐々に明らかになるにつれ、場の雰囲気は暗くなっていった。午後九時三〇分頃、シモンズは耐えきれなくなった。

そして政治顧問のエイブ・ラックマンに、「部屋に戻って一杯やるよ。一緒に来るかい？」と声を掛けた。

シモンズとラックマンは黙って赤ワインをちびちびやりながら、トランプが勝利を固めていく様子を見つめていた。そして〇時前にテレビを切った。それ以上観ていたくはなかった。

「すごく落ち込んだよ」とラックマンは言う。

第15章

深まる政治活動

サイモンズ財団の焦り

ジム・シモンズが顔を上げると、そこには心配そうに彼を見つめる数十人の顔があった。二〇一六年一一月九日朝、大統領選翌日のことだった。サイモンズ財団の五〇人近い科学者や研究者などが、ロワーマンハッタンにある財団本部の九階のオープンスペースに自発的に集まっていた。そして何が起こったのかを把握しようとしていた。

そのスペースには日差しがさんさんと降り注いでいたが、慌てて集まったほぼ全員が険しい顔をしていた。この国の将来、そして自分自身の将来を案じていた。シモンズがヒラリー・クリントンの大統領選挙運動の最大の支援者であることは、広く知られていた。いまや財団の職員たちは、次期トランプ政権がシモンズの財団を含め数々の慈善団体を攻撃してくることを心配していた。中には、報復措置として財団の免税資格を剥奪《はくだつ》するのではないかと恐れる人もいた。

おしゃべりがやむと、青いブレザーと黄褐色のチノパンツというでたちでエレベーターの近くに立っていたシモンズが口を開いた。まずは控えめな口調で、君たちの仕事は重要だと念を押した。そして、自閉症の研究や宇宙の起源の解明などの価値ある取り組みは、長期的な計画として推し進める必要があると語った。政治の激変など意に介さずに団結しようではないか。

「みんながっかりしてる。俺たちにできる一番のことは、自分の仕事に集中することだ」とシモンズは語りかけた。

職員たちは徐々に自分のオフィスに戻っていった。元気を取り戻した人もいた。

政権に入り込んだマーサー父娘

シモンズは憂鬱《ゆううつ》だったが、ボブ・マーサーは有頂天だった。

マーサーと娘のレベッカ、そして家族全員で、ロングアイランドにある邸宅、フクロウの巣で毎年一二月上旬の休日に開くパーティーの準備をしていた。マーサーは仕事仲間と話すのはとくに好きではなかったが、着飾ったパーティーは大好きだった。二〇〇九年以降は毎年、友人や仕事仲間など数百人を豪邸に招き、テーマを決めた手の込んだ仮装パーティーを開いていた。

マーサーよりも社交的な妻ダイアナが、たいていお祭り騒ぎの中心にいた。マーサーは、孫と一緒に静かな端のほうに座っていたり、この晩のために雇ったプロのディーラーとポーカーをやったりしていることが多かった。
この年のパーティーはとりわけ特別に企画され、マーサーも騒ぎの輪に加わることになった。テーマは「悪党と英雄」。夜の出し物では、剣の達人ケントゥリオが古代遺跡の中でしゃがみ込んで、蛇《へび》の髪を生やすメドゥーサにひれ伏すことになっていた。マーサー夫妻が作った秘密のウェブサイトには、スーパーマンやフック船長やマザー・テレサなど、映画やテレビやマンガなどから取った衣装の例が挙げられていた。[1]
土曜の晩になってパーティーが始まると、ハルク・ホーガンに扮《ふん》した投資家でトランプ支援者のピーター・ティールが、スーパーウーマンの衣装を着たケリーアン・コンウェイと歓談して回った。スティーブ・バノンは普段の姿で登場した。その反抗的な政治活動を邪悪とみなす連中を挑発するか、または自分が今回の選挙の英雄であることを見せつけようとしたのだろう。マーサー父娘はというと、ボブは敵に催眠術をかけるマンガのスーパーヒーロー、魔術師マンドレイクに扮《ふん》し、レベッカは頭から爪先まで黒いゴムで身を包んでブラック・ウィドウになりきった。
ドナルド・トランプが政権移行のための会合を中断し、閣議決定を急いで片付けてこちらへ向かっているという知らせが届いた。数年前、マーサーは風変わりなクオンツの一人にすぎなかった。評判といえば、銃のコレクションと、尿の研究など突飛な活動への支援、そして謎めいたヘッジファンドで市場を上回る収益を上げていることくらいだった。しかしいまや、次期アメリカ大統領がロングアイランドにまで足を延ばしてマーサーに賛辞を送ろうとしていた。共和党の活動に二六〇〇万ドルを寄付し、娘がトランプにバノンとコンウェイを仲間に引き込むよう迫って、おぼつかない選挙運動を活気づかせ、ブライトバート・ニュースがトランプの運動を断固として支持したことで、ボブとレベッカのマーサー父娘は、トランプの衝撃的な勝利の最大の立役者となったのだ。[2]

バノンは次のように語っている。

「マーサー親子がトランプ革命の下地を敷いた。ここ四年間の寄付者を見ていっても、二人が誰よりも大きな影響を与えたのは間違いない」[3]

次期大統領とその側近たちがバカでかい黒のSUVで到着し、黒いコートとダークスーツと格子縞《こうしじま》のネクタイというでたちのトランプが降りてきた（仮装はしていなかった）。そしてゲストのあいだを通ってマーサーに挨拶し、すぐに演説を始めた。冗談で「たったいまマーサーとこれまでで一番長く話をした。二言だ」ととぼけた。[4]さらに、選挙運動に対するマーサーの支援を讃《たた》えた上で、父娘がバノンとコンウェイとボッシーを運動のリーダーとして雇うよう勧めてくれたことで、必要な「組織」が整ったと、感謝の言葉を述べた。そして、マーサー父娘やバノンやコンウェイとともに正面のテーブルに着いた。

選挙の余韻が収まるとマーサーはルネサンスの経営に集中し、以前と変わらずピーター・ブラウンと二人三脚で働いた。大統領選の勝者を支援した者は大使の職などあからさまな見返りを得るのがふつうだが、マーサーはそんなことには関心がなかったらしい。それでも、バノンがホワイトハウスの最高戦略責任者に選ばれて、コンウェイが大統領顧問になったことで、マーサーはトランプと誰よりも太いパイプを築くこととなる。また依然として共和党のもっとも重要な支援者で、しかもブライトバート・ニュースの支配を続けていたことで、勢力を強める共和党反体制派に影響力をおよぼした。

レベッカ・マーサーは新政権でもっと積極的な役割を果たすこととなった。トランプ・タワーにあるバノンのオフィスに何週間も閉じこもって、閣僚候補者選びで助言をした。上院議員のジェフ・セッションズが司法長官に選ばれるよう働きかけ、ミット・ロムニーが国務長官にならないよう圧力をかけ、弁護士のジェイ・クレイトンが証券取引委員会委員長に選出される上で役割を果たした。父親がアメリカ最大のヘッジファンドの共同CEOであることを理由に、レベッカの影響力に眉をひそめる人もいた。のちに大統領がほぼすべての裁判官指名において助言を求める、保守派法曹団体フェデラリスト・ソサエティーの代表レナード・レオも、レベッカの昔からの仲間だった。レベッカはまた、トランプの基本政策を支持する外部団体を設立して率いる計画も立てた。

レベッカ・マーサーはその活動ゆえ、世間にも知られるようになっていった。その年の初め、雑誌『GQ』がマーサーをワシントンDCで一七番目に影響力のある人物に挙げ、「オルタナ右翼のファーストレディー」と呼んだ。マーサー家の政治的影響力と次期大統領への支援は保証されているようだった。

マガーマンとマーサーの対立

デビッド・マガーマンは落ち込んでいた。

民主党員として登録していたが、中道派を自称していて、ときには共和党の候補者に投票することもあった。しかし二〇一六年の大統領選は違っていた。移民を蔑《さげす》み、公立学校からチャータースクール（特別認可学校）へ予算を回せと訴え、何十億ドルも使ってメキシコとの国境に壁を築くと公約するトランプの姿勢と政策を、マガーマンは間違っていて冷酷ですらあると批判したのだ。トランプが中絶の権利を制限すると誓ったことで、マガーマンは懸念を深め、妻のデブラはぞっとした。選挙後、トランプの勝利を思い出したくなかったマガーマンは、フェイスブック上の知り合いほぼ全員を友達から削除した。

大統領が就任すると、マガーマンは自分の取るべき立場を考えなおした。政権をもっと寛容な方向へ導けるかもしれないと思ったのだ。そのとき四八歳、教育に関する問題に一〇年間取り組んでいた。そこで、自分の経験がトランプのチームに役に立つかもしれない、あるいは他の分野で貢献できるかもしれないと考えた。

一月、マガーマンはレベッカ・マーサーの携帯に電話をかけたが、レベッカは出てくれなかった。そこで再度かけて、手助けをしたいというメッセージを残した。すると折り返しの電話がかかってきたが、それはボブ・マーサーからだった。いつもは内気なマーサーが、トランプの長所や異論の多い政治的話題について進んで話したがっている様子だった。二人は気候変動やオバマケアや国境の壁の価値については意見が違っていたが、丁寧な口調で話しつづけた。

マーサーはトランプについて、「彼はいろんなものをぶち壊す」と言った。

するとマガーマンは、「俺が心配しているのはまさにそこだ」と答えた。

そして、「核戦争の恐怖を本当に甦らせたいのか？」と問い詰めた。

マーサーは、核戦争についてはたいして心配していないと答えた。そして、話ができて楽しかったと言って電話を切ったが、マガーマンは以前にも増して不満を募らせていた。

マガーマンは、新政権がどのような政策を進めるのかをひとまず見極めることにした。そして失望した。二〇一七年一月下旬にトランプは、七つの主要なイスラム国家の国民がアメリカへ入国することを九〇日間禁止し、シリア難民の受け入れをすべて中断する大統領命令に署名した。上院がジェフ・セッションズを司法長官として承認し、トランプが連邦情報機関とマスコミは信頼できないと攻撃しつづけたことで、マガーマンはますます苛立ちを募らせた。

マガーマンは、トランプ政権の政策を和らげる、または食い止めるために何か行動を起こしたかったが、何をすべきか思いつかなかった。そこで、地元の民主党員に献金する計画を立てたり、性に関する健康管理に携わる非営利団体プランド・ペアレントフッドに支援を申し出たりした。また、トランプの義理の息子で影響力のあるジャレッド・クシュナーに、政権が進めようとしている政策とマーサーの影響力について警告しようとしたが、接触は叶わなかった。

マガーマンは罪悪感にさいなまれていた。マーサーの財団はメダリオンからの出資を受けていた。そのため、トランプが大統領の座に就いてマガーマンが忌み嫌う政策を進める後押しをするマーサーを、結果として自分自身が助けていたと感じていたのだ。

怒りを爆発させたマガーマンは、「胸くそ悪い」とデブラにこぼした。「俺が作ったソフトウェアが、マーサーみたいな金持ちの白人をますます金持ちにしちまうんだ」

仕事仲間と電話をすると、マーサーがトランプを大統領にしたんだと愚痴を言った。そして、何年も前にマーサーはこんなことを言っていたと訴えた。公共施設や雇用や連邦予算による活動での差別を禁じた一九六四年の公民権法が施行される前のほうが、アフリカ系アメリカ人は幸せだった、と言っていたというのだ。

マガーマンの批判の声はマーサーの耳にも届いた。そしてある日、自宅のオフィスで仕事をしているマガーマンに一本の電話がかかってきた。

かけてきたのはマーサーだった。

「お前はあちこちで俺を白人至上主義者呼ばわりしているそうだな。ふざけるな」

不意を突かれたマガーマンは、口ごもりながら、「正確にはそんなことは言っていない」と答えた。

そして平静を取り戻し、公民権法に関するマーサーの以前の発言を取り上げて、「でも俺はそういう印象を受けた」と言い返した。

するとマーサーは、「そんなこと絶対に言ってない」と突っぱねた。

その上で、さまざまな職種でアフリカ系アメリカ人が占める割合の統計値を含め、公民権法制定前の一〇年間のほうが彼らの生活水準は高かったことを証明しているとするデータを並べ立てた。

マーサーはマガーマンに、「公民権法のせいで、アフリカ系アメリカ人は政府に頼りきるようになって赤ん坊化した」と主張した。

マガーマンははらわたが煮えくり返った。

「ボブ、彼らはトイレも水飲み場も分けられてたんだぞ！」

マガーマンは、トランプの政治的立場や大げさな発言、そして閣僚の選び方に関する懸念をまくし立てた。それに対してマーサーは、自分はトランプやその側近の下す決定に関わってはおらず、クリントンが選ばれるのを食い止めたかっただけだと答えた。

それを聞いてマガーマンは怒りを爆発させ、「関わってないなんてよく言えたもんだ！」と怒鳴った。そして、レベッカ・マーサーの設立したグループがトランプの政策を支援していること、およびマーサーがバノンやコンウェイといまだに親しくしていることを指摘した。

マーサーは、「バノンに会ってみろ。いいやつだぞ」と返した。

するとマガーマンは、「この国を傷つけることをやってるんなら、やめるべきだ！」と吐き捨てて電話を切った。

マーサーはこのやり取りにさほど動揺はしなかったらしい。もっとリベラルな社員とやり合うのに慣れていたからだ。マーサーにとってはスポーツのようなものだった。数日後、マーサーはマガーマンに、*Civil Rights: Rhetoric or Reality?*（『公民権――巧言か現実か』）

というタイトルの本を送った。一九八四年にフーバー研究所のトーマス・ソウェルが著した本で、『ニューヨーク・タイムズ』は「歯に衣着せず洞察に富んでいて重要な一冊」と評していた。マイノリティーが高給の仕事に就きはじめたのは公民権法が可決される何年も前のことだったし、マイノリティーの中でももっとも恵まれない人たちは差別是正措置によって白人の同じ地位の人たちに後れを取ったというのが、この本の主張である。[5]

マガーマンはこの本に対する数多い批判の一つを引用して、「ソウェルの主張は狭い財政政策に絞られていて、全体的な人間的要素を無視している」と言う。

マガーマンはマーサーとのやり取りに心をかき乱された。そして、なんとかしてマーサーを止めたいと思った。そこでルネサンスの社員便覧を読み込んで、自分がこの懸念を公にしたらどんな懲罰を受ける恐れがあるかを調べた。またピーター・ブラウンやマーク・シルバーに話をしたが、二人とも、マーサーの発言は人種差別ではないように思うとの返事だった（別のある役員は、マーサーはあまりに言葉数が少ないので、彼が人種差別主義者かどうかなんて誰にも分からない、と冗談で返した）。こうしたやり取りからマガーマンは、マーサーを批判するにしても、ルネサンスについては一言も触れないほうが安全そうだと判断した。

そうして二月、『ウォール・ストリート・ジャーナル』のある記者※に一通のEメールを送った。

「行動に出ることにした。もう我慢できない」

マガーマンは、ペンシルベニア州バラ・キンウッドにある自らが経営するレストランで実現した取材の席で、心の内を明かしてくれた。

「マーサーはその政治観から分かるとおり、自分には必要のない社会セーフティーネットを蔑んでいるが、それは多くのアメリカ人にとって必要なものだ。いまやあいつは、俺の力を借りて稼いだ金でトランプを支援し、政府をピンの頭くらいの規模に縮小させるべきだと提案して、自分の世界観を実現しようとしている」

マガーマンは自身の将来に関する懸念も語ってくれた。

「仕事に支障が出ないような形で発言したいのだが、それでもクビになることは十分に考えられる。これは俺のライフワークだ。俺が率いたグループが組み上げたトレーディングシステムを、会社はいまでも使っている」

この記事の電子版が新聞のウェブサイトに掲載された朝、マガーマンのもとにルネサンスから一本の電話がかかってきた。そして無給の停職と、会社との接触をいっさい禁じる旨を告げられた。

※私のことである。

非難の高まり

大統領選挙はマーサーにも辛苦をもたらしはじめていた。

バノンや共和党の極右派と密接に連携するようになったマーサー父娘は、この国の右傾化を憂う人たちの攻撃の的となったのだ。

ニューヨーク州民主党委員会は、ボブとレベッカのマーサー父娘の顔を画面に出しながら、「トランプのソーシャルメディアボット軍団とスティーブ・バノンの過激なブライトバート・ニュースに資金を出した連中」というナレーションが入るテレビCMを流した。

二〇一七年三月、マーサーの自宅前に六〇人ほどのデモ隊が集まって、極右運動への支援を非難するとともに、富裕層への増税を訴えた。一週間後、別のグループが「マーサーは税金を払え」というプラカードを掲げて抗議活動をおこなった。警官らがデモ活動に合わせてフクロウの巣の前の道路を封鎖してくれたため、デモ隊は降りしきる雨の中、マーサーへの批判を何時間も叫びつづけた。

デモに参加した八二歳の地元住民、ビル・マクナルティーは、次のように語った。「マーサーはドナルド・トランプが選挙に勝つ上で大きな役割を果たした。汚い金が政治をむしばんで穢《けが》すのを目の当たりにした」[6]
友人の話によると、マーサー父娘は殺害の脅迫を受け、警備員を雇わざるをえなくなったという。プライバシーを大事にする一家にとって、非難の高まりはショッキングであるとともに不安も招いたのだった。

ポーカー選手権にて

ルネサンスはマガーマンをどう扱うか決めかねていた。

この会社は、たとえ成果を出せなかったり、会社への関心を失ったり、問題があったりする社員でも、めったに解雇することはなかった。あまりにもリスクが大きかったからだ。並のレベルの冴《さ》えない研究者やプログラマーであっても、企業秘密のアイデアや知見に通じていて、ライバルを利することになりかねなかった。それもあってマガーマンは、マーサーについて遠慮なく意見を述べても大丈夫だと思ったのだった。反抗してもお咎めなしだった社員を何人も目にしてきた。ところがマガーマンは、全社員に対する大罪を犯してしまった。考えられる限り世間に広く知れ渡る方法でボスを攻撃し、果ては人種差別主義者呼ばわりしたのだ。しかもルネサンスは、稀なくらいに人目を避けようとする会社だった。そのため多くの社員は、マガーマンの復職を歓迎する気になれなかった。

マガーマンは複雑な心境だった。ルネサンスですでに大金持ちになっていたので、クビになってもお金に困る心配はなかった。しかもマーサーの政治活動にはほとほと嫌気が差していて、なんとか食い止めたいと思っていた。だがその一方で、自分が入社したての頃にマーサー夫妻が優しくしてくれて、ファミリーレストランのフレンドリーズでの夕食や夜の映画に誘ってくれたことも忘れてはいなかった。ボブの知性と創造性を尊敬していて、この実力者にずっと気に入られていたいという思いも強かった。すでに勤続二〇年を迎え、会社に愛着を感じていた。そこで、今後もマーサーの政治活動について発言できるのであれば復職してもかまわないと腹を決めた。

ブラウンらとの話し合いでも自分の主張は曲げず、「口止め料は受け取れない」ときっぱり言った。

あるときロングアイランドのオフィスに立ち寄ると、大勢の社員に冷たくされて傷ついた。自分の地位を危険にさらしてまでマガーマンの肩を持とうとする者なんて、誰一人いなかったのかもしれない。あるいは左寄りの社員ですら、マガーマンの抗議のしかたは間違っていると思っていたのかもしれない。

のちにマガーマンは次のように語っている。

「気楽に温かく接してくれるだろうと思っていた連中もよそよそしかった。俺のことを悪者だと見ていた」

両者は大きな障害を乗り越え、暫定的な合意として、マーサーに関する発言に条件を課した上でマガーマンが復職するということで話がまとまった。しかし最終決着には至らなかった。そこでマガーマンは、シモンズが設立した非営利団体マス・フォー・アメリカの慈善興行として、ニューヨークのセントレジスホテルで四月二〇日に開かれるポーカー選手権に、関係修復のため参加することにした。クオンツやプロのポーカープレイヤーなどが待ち望む、年に一度の大一番だった。そこにシモンズやマーサーやブラウンなど、ルネサンスの幹部が居並ぶことは、マガーマンも知っていた。ところがレベッカ・マーサーも顔を出すなんて、誰一人知らなかった。

「改めて自己紹介して再び輪に加わり、俺も努力してるんだってことを示したいと思った」とマガーマンは言う。

自宅から三時間かけて車を走らせていると、だんだん不安になってきた。同僚や参加者にどう迎えられるか分からなかった。ホテルに着くと選手権への参加料として五〇〇〇ドルを預けた。するとすぐに、自分が場違いな服装をしていることに気づいた。二階にある絨《じゅう》毯《たん》敷きの舞踏場に集まったおよそ二〇〇人のプレイヤーのほとんどは、スーツまたはスポーツジャケットを着ていた。警備員はタキシードを着ていた。しかしマガーマンは、ジーンズに開襟のドレスシャツというういでたちだった。この手違いに、マガーマンの不安はますます高まった。

ポーカールームに入ると、すぐにボブ・マーサーの姿が見えた。怖《お》じ気づいている場合じゃない。マガーマンはマーサーにまっすぐ近づいていって、珍しい色合いの青のスーツを褒めた。するとマーサーは笑みを浮かべて、娘が選んでくれたんだと言った。うまくいったんじゃないか？

マガーマンはほっとした。

午後七時を回ると、シモンズや、ポーカーの殿堂入りをしているダン・ハリントンなど何人かを相手に、ノーリミットホールデムをプレーしはじめた。シモンズがたばこを吸いに脇の部屋へ引き下がると、マガーマンもついていった。そして、自分がマーサーを批判したことで会社に好ましくない関心が集まったことを詫びた。

「事の成り行きを申し訳なく思っている。君を尊敬していることをぜひ分かってもらいたい」

シモンズは謝罪を受け入れ、いがみ合いは解消されるだろうと言ってマガーマンを励ました。ポーカーテーブルに戻ったマガーマンは、最初の何ゲームか負けたものの気分が良く、プレーを続けるために追加で一万五〇〇〇ドル分のチップを買った。

何台分か離れたテーブルでは、マーサーが、スポーツファイナンス会社の重役クリス・イングリッシュなど何人かの投資家とプレーしていた。マーサーが最初何ゲームか勝つと、イングリッシュはあるそぶりに気づいた。マーサーは良い手のときには『リパブリック讃歌』など愛国的な歌を口笛で吹き、自分の手に自信がないときにはハミングで歌っていたのだ。それを見抜いたイングリッシュは、あっという間にマーサーからチップを奪っていった。

マガーマンも負けつづけた。そして、一二年物のスコッチを何杯か飲み干した午後一〇時半頃に試合を降りた。だが帰宅するには早すぎたし、同僚たちと和解できる見通しが出てきて気分が高揚していたので、部屋の中を歩き回ってほかの人たちのプレーを見物することにした。

あるテーブルに近づいていくと、そこにはレベッカ・マーサーがいた。レベッカはマガーマンをにらみつけた。マガーマンがさらに近づこうとすると、頭に血を上らせ、怒り混じりに「自業自得よ」と吐き捨てた。

動揺したマガーマンはテーブルを回り込んでレベッカのそばに立った。するとレベッカは、私たちがトランプを支援していることをあんたが批判したせいで、家族が危険な目に遭っていると突っかかってきた。

「どうして父にあんなことができるのかしらね？　父はあんたに良くしてあげたのよ」

マガーマンは申し訳ないと言い、ルネサンスに入社したての頃にマーサー家に支えてもらったことに触れた。

「あなたの一家を敬愛していたよ」

レベッカは耳を貸そうとしなかった。

そして「あなたはクズよ」と何度も吐き捨てた。「二五年ずっとクズだった。私には分かっていたわ」

どこかへ行きなさいとレベッカが言うと、一人の警備員が近づいてきて、マガーマンにテーブルから離れるよう声を掛けた。しかしマガーマンは拒否し、警備員をかわしてシモンズに近づいて助けを求めた。

そして、「ジム、こいつらが俺に何をしようとしてるか見てくれ」と声を上げた。

するとシモンズは、出ていったほうがいいなとあしらった。

警備員がマガーマンを表の歩道脇にまでむりやり連れていき、立ち去らなければ警察を呼ぶと脅した。取り乱したマガーマンを見かけたヘッジファンド投資家のボアズ・ワインシュタインは、歩いて酔いを覚ましてから車で家に帰るよう言った。マガーマンは少しごねたが、言われたとおり車へ向かっていった。

この出来事から数日後、マガーマンは次のように語った。

「少し酒の影響があったのは否定できない。……最高のひとときじゃなかった。騒動を起こすつもりなんてなかった。でも彼女がああ言ったのは確かだ。……俺からは喧嘩は吹っかけなかったし、ちょっとした悪口すら言わなかった」

二階ではこのいざこざをめぐってプレイヤーたちがざわついていたが、選手権は続けられた。まもなくしてボブ・マーサーが、最初の頃の負けを取り返して浮かれ出した。シモンズ、PDTパートナーズのピーター・ミュラー、そしてブラウンはプレーを降りたが、マーサーは続けた。そして午前一時頃、その晩最後の大勝負でイングリッシュをトーナメントから引きずり下ろした。

「やつは裏を掻いて鼻歌を歌っていたのかもしれない。あまりにも声が大きくて区別がつかなかった」とイングリッシュは負けたことを言い訳している。[7]

マーサーが微笑んで対戦相手から讃えられていた頃、マガーマンはフィラデルフィアへ戻っているところだった。途中でブラウンから次のようなテキストメッセージが届いた。

「相手にせずに、争いに巻き込まれないよう好きなように生きるのが一番だ。正直、お前のほうが幸せになると思うよ」

四月二九日、ルネサンスはマガーマンを解雇した。

ルネサンスへの影響

二〇一七年初秋、アンソニー・カルフーンは怒りを強めていた。ボルティモア市消防署員・警察官退職制度機構の事務局長であるカルフーンは、マーサーの政治活動の記事を読めば読むほど腹が立った。

トランプを支援していることは、カルフーンにとって問題でなかった。問題視したのは、白人国家主義者と手を組んだブライトバート・ニュースだった。このときバノンはすでに、大統領首席戦略責任者の職を追われていた。そしてブライトバートに戻り、ますます過激な記事を書くよう一部から期待を掛けられていた。

マーサーがもう一人支援していたのが、右翼扇動家のマイロ・ヤノプルス。フェミニズムを「癌《がん》」と呼び、小児性愛を容認する発言をおこない、ツイッターからは他人を侮辱することを禁じられていた。[8]

カルフーンは我慢がならなかった。ボルティモア退職制度機構はＲＩＥＦに二五〇〇万ドルを投資していたため、カルフーンは自分の怒りをルネサンスに伝えることにした。

そこで、受話器を取ってＲＩＥＦの代表者に電話をかけ、「実に気がかりなことがある」

と伝えた。

するとと代表者は、マーサーに関する苦情の電話をかけてきたのはあなた一人だけではないと答えた。後日、カルフーンは業界コンサルタントから、ほかにもルネサンスに不満を抱く顧客がいると聞かされた。それからまもなくして、カルフーンを含むボルティモア退職制度機構の理事たちは、ＲＩＥＦから資金を引き揚げることを可決した。

ＲＩＥＦにとってははした金だったし、社内の誰一人、投資家がいっせいに手を引く事態など心配していなかった。ところが一〇月、五〇人近いデモ隊が本社を取り囲んでマーサーを糾弾したことで、このような否定的な世評に慣れていない幹部たちは不安を募らせた。

二〇一七年一〇月、シモンズは、このような騒動がルネサンスの将来を危うくするのではないかと心配した。会社の士気は下がりつつあった。少なくとも一人の重要な社員が辞めようとしていたし、退職を考えている社員も一人いた。不満を口に出していた重要な社員の一人が、ドイツのバイエルン州にあるエアランゲン－ニュルンベルク大学で高エネルギー物理学の博士号を取得したボルフガング・バンダーである。※バンダーはインフラグルー

＊バンダーのフェイスブックのページには次のように書かれている。「私に友達リクエストを送りたい人は、どうやって私と会ったかを書いた上で、自分のページからフォックス・ニュースの偏った記事を削除してください」

プを率い、ルネサンスで事実上もっとも上級の技術担当幹部だった。シモンズは、今後ルネサンスは才能ある人材を獲得するのが難しくなるだろうという確信を深めていった。

マーサーが政治的役割を強めていくのを、シモンズはそれまで一年以上見逃してきた。しかしここに来て、行動を起こすしかないと感じるようになった。そこで一〇月のとあるすがすがしい朝、マーサーのオフィスに立ち寄って、話し合わなければならない重要な問題があると告げた。そしてマーサーと向かい合わせの椅子に座り、訪れた理由を単刀直入に伝えた。

「身を退くのが一番だと思う」

政治的な理由ではなく、会社の将来を思ってのことだった。

「会社が厳しい目にさらされると士気が下がる」とシモンズは言った。

マーサーは心の準備ができていなかった。悲しげで傷ついた様子だった。それでも口答えせずにシモンズの決定を受け入れた。

のちにシモンズはＭＩＴのビジネススクールで学生たちに、「ルネサンスの士気に問題があった。……士気が下がりつづけていた」と語っている。

また、ある友人には、「決断は容易じゃなかった」と言っている。

憔悴するマーサー

一一月二日、マーサーはルネサンスへの投資者たちに手紙で、自分は共同CEOを辞任するが、研究者として会社にはとどまると伝えた。また、「新聞が詮索してきた」と非難した上で、マスコミは自分をバノンと不当に結びつけたとして次のように主張した。

「新聞は……私の政治活動がスティーブ・バノンと歩調を合わせているとほのめかしました。私はバノン氏を大いに尊敬していますし、ときどき政治について議論もします。しかし政治的に誰を支援するかに関しては、私自身で決めています」

さらにマーサーは、ブライトバート・ニュースの持ち株を娘たちに売却することをすでに決めていると伝えた上で、自分は「これまでより小さくて力の弱い政府を望む保守主義者」を支援すると述べて、自分の政治観をはっきりと示した。また、かつては言論の自由と開かれた議論を支持する一環としてヤノプルスを支援していたが、いまでは後悔していて、ヤノプルスとの関係を断とうとしていると伝えた。

「ヤノプルス氏の行動と発言は苦痛と対立を引き起こしてきたと思います」

＊

二〇一八年初頭、共同CEOを退任してから数カ月たったマーサーのもとに、ルネサンスの元幹部ロバート・フライから電話がかかってきた。フライは退職後、ストーニーブルック校の工学・応用科学部で計量ファイナンスの科目を立ち上げていた。そんなフライはマーサーを、ストーニーブルック校のキャンパスのそばで唯一ウエイターのいる、ヒルトン・ガーデン・イン内の冴えないレストランでのランチに誘った。席に着くと、二人の学生がフライに気づいて挨拶してきたが、マーサーには気づいていない様子で、マーサーはほっとした。

マーサーは憔悴《しょうすい》している様子だった。旧友がつらい一年を過ごしたことを知っていたフライは、食事が来る前に憂鬱を振り払ってやりたかった。

大統領選の最中、フライはどちらの候補者も気に入らず、トランプにもクリントンにも投票する気になれなかった。それでもマーサーには、自分がふさわしいと思う方法でトランプを積極的に支援するのは当然の権利だし、世間の批判をよそにマーサーは何も間違ったことはしていないと信じていると伝えた。

「君の扱われようは偏っている。ソロスたちも君と同じくらい政治に影響を与えているのに、君のように中傷なんて受けていない」

マーサーは微笑んでうなずいたが、いつものように多くは語らず、「ありがとう」とだけ答えた。

その反応を見たフライは、話題を変えなければと思った。そうして二人は数学や市場について語り合い、食事が終わるまで政治の話題は避けた。

「すまないと思った」とフライは言う。

レベッカの方針転換

レベッカ・マーサーはさらに苦しい時期を過ごしていた。

以前、友人たちに、世間での自分と父親の受け止められようについて不満をこぼし、人種差別主義的な運動を支援したとして不当な非難を浴びていると語ったことがあった。このような批判が反発を引き起こしていたのだ。ある友人によると、レベッカのもとに糞便《ふんべん》の入った手紙が送られてきたことがあったという。また、公共の場で見知らぬ人に罵られ、恐怖に震えたこともあった。

二〇一八年一月、気候変動を食い止めるための政策を支持する二〇〇〇人以上の科学者や学者が公開書簡に署名し、その中で、ニューヨーク市でもっとも傑出した科学博物館であるアメリカ自然史博物館に対して、役員を五年間務めているレベッカを除名するよう求めた。書簡は「気候科学に関する誤った情報を喧伝《けんでん》したり資金を提供したりしている反科学的な人間との関係を断ち切る」よう迫っていた。マンハッタンのアッパーウエストサイドに立つ博物館の外では、一〇〇人以上のデモ隊が「われわれの博物館からレベッカを追い出せ」や「気候変動は現実だ」と書かれたプラカードを掲げて行進した。[9]

博物館はいっさい行動を取らなかったが、二〇一八年二月、レベッカは世間の認識を変える必要があると思った。そこで『ウォール・ストリート・ジャーナル』に署名入りの記事を書き、その中で「人種差別主義や反ユダヤ主義といった有害なイデオロギー」を支援していることを否定し、自分は「寛大で思いやりのある合衆国」を望んでいると述べた。

一カ月後、ケンブリッジ・アナリティカがフェイスブックのユーザー数百万人の個人情報を入手したとして訴えられ、政府の一連の調査が始まったことで、新たな論争が巻き起こった。ケンブリッジ・アナリティカの取締役で事業の統轄に力を貸していたレベッカは、またもや世間の厳しい目とネガティブな報道にさらされた。

二〇一八年半ば、ボブとレベッカのマーサー父娘は政治から手を引いた。トランプ家に対する批判的な発言が取り沙汰されたバノンとの関係を断ったことで、政治に関して相談する相手を失ったのだ。来る二〇一八年の中間選挙では、公表された政治献金は六〇〇〇万ドルを下回り、二〇一四年の前回の中間選挙における一〇〇〇〇万ドル弱、二〇一六年の二五〇〇万ドル超から大幅に減った。

二〇一八年末、ある保守運動の指導的人物はマーサー父娘について、「彼らは姿を消した。噂もほとんど聞かない」と語った。

友人たちの話によると、二人は思いがけない反発を受けたことで目立たない手段に切り替え、政治献金を減らして、トランプや閣僚との定期的なやり取りも控えたのだという。マーサー父娘の友人で、保守派の非営利団体メディアリサーチセンターを運営するブレント・ボーゼルは、次のように語っている。

「二人は政治の舞台で予想をはるかに超える成功を収め、ロケットのように舞い上がった。敵意が広がって、……人々は二人に失望した[10]」

友人たちいわく、人々が失望した理由の一つは、トランプの選挙運動に大口の献金をした人のほとんどが何らかの見返りを得たのに対して、マーサー父娘はいっさい見返りを求めなかったことだった。その一方で、ブラックストーン・グループの最高責任者スティーブン・シュワルツマンなど、大統領選の最中にはトランプを支持していなかった人を含め、マーサー以外の財界幹部たちは定期的に大統領と接触していた。

マーサー父娘は戦略上の失敗も犯した。二〇一八年六月にボブ・マーサーは、ケリー・ウォードを支援する政治活動委員会に五〇万ドルの献金をした。そのウォードが、上院議員ジョン・マケインを非難したことで批判を浴びた。マケインの癌治療が終了した旨の発表を家族がわざと遅らせて、自分の選挙運動を妨害したと言い出したのだ。ウォードはその年のアリゾナ州共和党上院議員候補予備選で大敗した。

大統領と共和党が二〇二〇年の大統領選に向けて本腰を入れはじめた頃、マーサー父娘はいまだ選挙運動に影響力をおよぼす立場にあった。いまだにコンウェイとは近しくしていた。トランプたちとのパイプ役だったバノンとはもう縁が切れていたが、父娘は国家安全保障担当補佐官ジョン・ボルトンを支援する政治活動委員会への大口献金者として、権力とのつながりは持ちつづけていた。マーサー父娘は友人たちに、減税や保守派判事の選出といったトランプ政権の政策に満足していると語って、国の政治に深く関わったのを後悔していないことをにおわせた。

とはいえレベッカ・マーサーは、大学における言論の自由の推進など、新聞にはめったに取り上げられないような問題にもっぱら集中するようになったようだった。

二〇一八年一〇月、ワシントンDCで開かれたある催し物で表彰された際にレベッカは、大学の講義のレベルに懸念を示し、「極左の反アメリカ的作り話に夢中で、基本的な公民学や経済学や歴史学も知らず、批判的思考能力を完全に欠いている、羊のようなゾンビを、大学は次々に生み出している」と説いた。[11]

長く垂れた赤いドレスとダイヤモンドをちりばめた特徴的なめがねといういでたちでホールの数百人の聴衆に語るレベッカは、政府の役割を制限して政治家が「個人的責任」を重視するよう仕向ける運動を今後も続けると明言した。

そしてトランプ大統領を「自然児」と評した上で、反発が続こうとも自分は国の政治に積極的な役割を果たしつづけ、「わが国の魂を賭けた戦い」に携わりつづけると述べた。

「私はけっして口を閉ざさない」とレベッカは言い放った。

第 16 章

最後の難問

機械の仕事を人間にやらせるな
エージェント・スミス（映画『マトリックス』）

人間は感情や直観から逃れられない

株式市場が暴落する中、ジム・シモンズは頭を抱えていた。
それは二〇一八年一二月下旬のこと、シモンズと妻のマリリンは、クリスマス休暇にロサンゼルス地区の親戚と会うためにビバリーヒルズホテルにいた。チノパンツにポロシャツというういでたちのシモンズは、プールサイドのバンガローやピンクと緑の内装で有名なこのホテルでくつろごうとしていたものの、株式市場から目を離すことができなかった。景気低迷に対する懸念が広がる中、市場は暴落していた。その月、S&P500株価指数は一〇パーセント近く下落し、一二月としては一九三一年以来の下げ幅を記録した。

この時点でシモンズは約二三〇億ドルもの資産を持っていた。それでも一日一日の損失は、腹にパンチを食らっているかのように感じられた。その理由の一つは、職員数百人を雇う自らの慈善財団をはじめいくつかの組織に、かなりの額の資金提供をしていることだった。しかし、これほどうろたえる本当の理由は違っていた。市場に何が起ころうが自分は何も困らないことは分かっていた。ただ損をするのが嫌いなだけで、いつになったらこの苦しみが終わるのか心配になりはじめたのだ。

そこでシモンズは受話器に手を伸ばし、シモンズと家族の個人資産を運用するユークリディアン・キャピタルの経営を託されているウォール街のベテラン投資家、アシュビン・チャブラに電話をかけた。そして、市場の見通しが心配だと伝えた。ますます下落した際の保険として、いくつか株式を空売りしておくのが良いかもしれない。シモンズはチャブラの意見を求めた。

「空売りするべきだろうか?」

チャブラはためらいながら、市場が落ち着くまでは何もしないほうがよいと勧め、シモンズもそれに従うことにした。翌日、株価は安定した。暴落は終わったのだ。

受話器を置いたシモンズもチャブラも、いまのやり取りが皮肉に満ちていたことをあえて意識しないようにした。シモンズは三〇年以上にわたり、新たな投資法を切り拓いて磨き上げてきた。金融界の革命の口火を切り、定量的トレーディングの正しさを証明した。この頃には金融界の誰もがこぞってデータを分析し、さまざまな投資商品の動向を予測する数学的モデルを組み立て、自動化されたトレーディングシステムを用いるという、ルネサンス流の投資をおこなおうとしているようだった。既成の勢力はすでに白旗を揚げていた。今日では金融界の巨人ＪＰモルガン・チェースまでもが、新たに雇った数百人の投資担当者や投資専門家にプログラミングのレッスンを義務づけている。シモンズの成功によって、定量的投資の有効性はすでに証明されていたのだ。

「ジム・シモンズとルネサンスは、それが可能であることを証明した」と、理論物理学の博士で自らヘッジファンドを運営するダリオ・ビラーニは言う。

シモンズのようなクオンツの目的は、感情や直観に頼るのを避けることだった。それでもシモンズは、数週間にわたって市場が混乱しているのを見て、まさに感情や直観に頼ってしまった。それはまるで、オークランド・アスレティックスの重役ビリー・ビーンが、統計データを投げ捨てて、いかにも大物顔の選手をドラフト指名するようなものだった。

シモンズのかけた電話がまざまざと物語っているとおり、コンピュータやアルゴリズムやモデルに意思決定を託すというのは、たとえその方法論の考案者本人にとっても、ときにきわめて難しいものだ。判断や経験や昔ながらの分析に頼って株式や債券を選ぶことが長いあいだ投資家に信頼されてきた理由の一端が、あのシモンズとチャブラの会話からうかがい知ることができる。

従来の投資法が通用しない時代

しかし二〇一九年に入る頃には、そのような従来の方法論に対する信頼は揺らいでいた。

積極的に運用する株式ミューチュアルファンドや、市場の利回りを上回ることができると公言するファンドが、何年にもわたって芳しくない運用成績だったことで、投資家はそうしたファンドから手を引いていた。それらのファンドは、従来の投資法を受け入れて、信託された全資産の半分を株式ミューチュアルファンドで運用していたが、運用成績は一〇年前より七五パーセントも下がっていた。残り半分の資産は、市場を上回るのが難しいことを承知の上で、市場と同じ利回りを目指す、インデックスファンドなどのいわゆるパッシブファンドで運用していた。[1]

企業経営者を質問攻めにしたり、バランスシートを精査したり、本能と直観に頼って世界経済の大きな変化に賭けたりといった、かつては頼りになっていた投資戦術も、徐々にほとんど成果を上げなくなっているようだった。ときにはこうした手法が、ウォール街の超大物の評判を傷つけることもあった。二〇〇七年のサブプライムローン危機を予測して何十億ドルも儲けたジョン・ポールソンも、二〇一九年までの何年間かにわたって大きな損失をこうむり、大勢の顧客を失った。[2] 二〇〇八年のリーマン・ブラザーズの破綻を予測したことで「キング・デビッド」と呼ばれていた、ポーカーもやるヘッジファンドマネージャーのデビッド・アインホーンも、運用成績の不振で顧客を失う目に遭った。[3]

カリフォルニア州ニューポートビーチでは、社員に話しかけられたり目が合ったりしただけで腹を立てることで知られていた、巨大債券運用会社PIMCOのビル・グロスが、収益悪化に見舞われて突然会社を去った。[4] ウォーレン・バフェットですら運用成績を下げた。バフェットが運営するバークシャー・ハサウェイの、二〇一九年五月までの五年間、一〇年間、一五年間の利回りは、S&P500を下回った。

問題の一つは、積極的に運用する従来型のファンドが、もはやライバルよりも有利な情報を活用できなくなっていることだった。かつて、洗練されたヘッジファンドやミューチュアルファンドなどは、年次報告書などの財務報告をじっくり読み込んで、見過ごされてきた有用な情報を見つけ出すだけで、十分に収益を上げることができた。しかし今日では、ほぼあらゆる財務指標が一回キーを叩くだけで得られたり、ニュースフィードで流れてきたりして、機械で瞬時に取り込むことができる。ライバル投資家がいっさい把握していないような事実や指標を見つけ出すのはほぼ不可能になっているのだ。

それとともに、インサイダー取引の厳重な取り締まりなど、一部の投資家だけが多くの企業情報を入手できることを防ぐ一連の規制強化によって、市場の公平性が増し、きわめて洗練された「ファンダメンタル投資家」ですら強みを奪われていた。もはや大手ヘッジファンドが、近いうちにおこなわれる記者発表や、ある株式に関する独自の見通しの変更について、ブローカーから事前に情報をもらうことはできなくなっていた。

今日、優位に立っているのは、素早い行動を取る投資会社である。二〇一八年八月下旬、癌治療薬を開発する小企業ゲロン・コーポレーションの株価が、パートナーであるジョンソン・エンド・ジョンソンの求人情報がネットに上がった直後に二五パーセント急騰した。その求人から察するに、この二つの企業が開発している薬剤に関して規制当局がまもなく重要な決定を下すようだと受け止められたのだ。そのニュースを逃さなかったのは、求人情報などのリアルタイムの情報を自動的に瞬時に探し出すテクノロジーを持った投資会社だけだった。[5]

クオンツ投資家が、金融界の支配的なプレイヤーとして台頭してきていた。二〇一九年初頭の時点で株式市場の全取引の三分の一近くを占め、その割合は二〇一三年の二倍になっていた。[6]

そのように支配的な立場に立った投資家には、莫大な利益が転がり込んできた。二〇一八年にシモンズは推計一五億ドルを、ライバルのクオンツ会社トゥー・シグマ・インベストメンツの共同創業者はそれぞれ七億ドルずつを稼いだ。定量的な投資法ではないがルールに基づく体系的な投資をおこなうブリッジウォーター・アソシエーツのレイ・ダリオも、一〇億ドルを稼いだ。二人の裏切り者ロシア人トレーダーをめぐってシモンズと戦いを繰り広げたイズラエル・イングランダーは、五億ドルを懐に入れた。[7]

二〇一九年初頭、シカゴを拠点とする企業、シタデルでクオンツなどの戦略に専念するケン・グリフィンは、ニューヨークのとあるペントハウスを、住宅としてはアメリカ史上最高額の二億三八〇〇万ドルで購入して人々を仰天させた（それ以前にも、シカゴのコンドミニアムの数階分を六〇〇〇万ドル弱で、マイアミのペントハウスを同額で、さらにジャクソン・ポロックとウィレム・デ・クーニングの絵画二枚を五億ドルで購入していた）。

ビッグデータで進化する定量的投資法

コンピュータトレーディングモデルで処理して分析できるデータの種類が爆発的に増えつづける中で、ルネサンスのような投資会社の強みは増すばかりだろう。ＩＢＭの推計によると、世界中のデータのうち九〇パーセントがこの二年間だけで生み出されているし、二〇二〇年には、二〇〇五年の三〇〇倍に相当する四四ゼタバイト（四四兆ギガバイト）のデータが生成されるだろうという。[8]

今日ではほぼあらゆる種類のデータがデジタル化され、かつて投資家が活用したくてもできなかった巨大なデータセットの一部がいまや利用可能になっている。投資家がいま是が非でも欲しがっているのは、世界中のセンサーが収集するリアルタイムの情報や衛星画像など、考えられる限りのあらゆるデータを含む、いわゆる「オルタナティブ・データ」である。創造性豊かな投資家は、電話会議での役員の口調や、小売店の駐車場の交通量、自動車保険の契約申し込み記録、ソーシャルメディアのインフルエンサーたちが勧める商品などを詳しく分析して、収益につながる相関性やパターンを検証している。

クオンツは農業生産の統計値を待つのでなく、農機具の売り上げや収穫物の衛星画像を分析している。貨物コンテナの船積み料を調べると、世界経済の方向性が読み取れる。体系的なトレーダーは、携帯電話のデータから、客が店の中のどの通路で、さらにはどの棚の前で立ち止まって商品を物色したかを知ることすらできる。新製品の評判を知りたければ、アマゾンのレビューを集めればいい。食品医薬品局の委員たちの経歴を分析することで、新薬が承認される可能性を予測するアルゴリズムも開発中である。

ヘッジファンドはこうした新たな可能性を切り拓こうと、一九八〇年代半ばのルネサンスのサンドー・ストラウスと同じく新たな情報源を掘り起こすことを専門とする、「データアナリスト」や「データハンター」と呼ばれる人材を雇いはじめている。あらゆる情報を処理することで、経済の現状と方向性、さまざまな企業の見通しをもっと深く知ることができる。さらに野心的な投資家は、起こりうる危機に備えるために、たとえば世界的事件のさなかにペンタゴンに珍しく次々とピザが届けられるかどうかまでチェックするかもしれない。
　コンピュータの処理能力と保存容量が指数関数的に向上したことで、体系的なトレーダーはこうしたデータを残らず分析する新たな能力を手にした。ニュースサイトのシンギュラリティ・ハブによると、二〇二五年頃には人間の脳に匹敵する処理能力を持ったコンピュータを一〇〇〇ドルで買えるようになるだろうという。すでにヘッジファンド会社のトゥー・シグマは、処理速度一〇〇テラフロップス（一秒間に一〇〇兆回の計算をおこなう）、記憶容量一一ペタバイト超（アメリカのすべての大学図書館に蓄積されているデータの五倍に相当）のコンピュータシステムを完成させている。[9]

　こうしたパワーを手に入れたクオンツは、これまでよりもはるかに多くの予測シグナルを見つけて検証することができる。

　ルネサンスのあるコンピュータ専門家は次のように言う。

「いまでは、独創性と思考力でシグナルを見つけるという行き当たりばったりの戦略ではなく、機械学習エンジンに一連の数式を放り込むだけで何百万通りものシグナル候補を試せるようになっている」

　ルネサンスのシモンズのチームが機械学習の手法を取り入れてから何年もたったいまでは、ほかのクオンツもそうした手法を採用しはじめている。ルネサンスがいち早く起こした意思決定の変革は、いまやほぼあらゆる事業や職業に広がっている。次々に多くの企業や個人が、成功と失敗から絶えず学習するモデルを採用して活用しようとしている。投資家のマシュー・グラネードが言うように、アマゾンやテンセントやネットフリックスなど、つねに変化しつづける動的なモデルに頼る企業が支配的になりつつある。供給するデータが増えれば増えるほど、機械は賢くなるはずだ。

作家のゲイリー・シュタインガートは、金融業界の将来の道筋と社会全体の方向性を、次のような名言で簡潔に表現している。

「子供のセーターがアルゴリズムに置き換わったら、それで終わりだ。もう何も残らない」

クオンツ投資家にも弱点がある

定量的投資法が熱狂を巻き起こす一方で、その限界もはっきりしている。ノイズの多いデータの中から情報を取り出して正確なシグナルを発見するのは、容易なことではないのだ。機械にとって株式の銘柄選びは、適当な曲を選んだり顔を認識したり、さらには車を運転したりするよりも難しいと論じているクオンツもいる。機械にブルーベリーマフィンとチワワを区別させるよう教え込むのは、いまだに難しいのだ。

ロンドンのマンAHLなどいくつかの大企業は、機械学習アルゴリズムを自動的な投資判断に用いるのでなく、おもに個々の取引をいつどのようにおこなうかを決定したり、企業間の関係性を描き出すなど別の種類の分析に使ったりしている。

クオンツ企業はこのようにさまざまな強みを持っているものの、そうしたほとんどのトレーディング会社の投資収益は、ルネサンスなどいくつかの顕著な例外を除けば、昔ながらの分析をおこなう従来型の企業をはるかに上回っているとはいえない。クオンツに特化したヘッジファンドは二〇一九年春までの五年間に年平均約四・二パーセントの収益を上げたのに対し、平均的なヘッジファンドの同期間の収益は三・三パーセントだった（この数値には、メダリオンなど運用成績を公表しない秘密主義のファンドは含まれていない）。定量的投資家が大きな困難に直面している理由は、彼らが扱うデータが物理学など他の分野と違って絶えず変化していることと、株式などの投資商品の過去の価格データが比較的限られていることである。

ベテランクオンツのリチャード・デューイは次のように言う。

「たとえば今後一年間の株価を予測しようとしているとしよう。まともな記録は一九〇〇年までしかさかのぼれないので、一年間という期間を互いに重なりがないように取ると一一八しかない[10]」

また、判事の裁定や法的な駆け引きや債権者の交渉に左右される問題債権などいくつかの種類の投資商品に合わせたトレーディングシステムを構築するのも、おそらく難しいだろう。そのため市場には、アルゴリズムやコンピュータに頼る投資家が避けたがるような長期的投資に狙いを定める投資家をはじめ、抜け目のない従来型の投資家が収益を得られるようなポケットが残りつづけるだろう。

コンピュータトレードが市場を混乱させるのか

コンピュータプログラムに頼るルネサンスなどのトレーダーが台頭してきたことで、彼らが市場に与える影響と、コンピュータの自律的な行動による突然の急落の可能性に対する懸念が広がっている。二〇一〇年五月六日、ダウ・ジョーンズ工業株価平均が一〇〇〇ポイント急落した。のちに「フラッシュクラッシュ」と呼ばれるようになったその恐怖の数分間に、何百もの株式が一時的にその価値をほぼすべて失った。投資家たちはコンピュータプログラムに頼るトレーディング会社を責め立て、この急落によってコンピュータトレーディングが市場を不安定化することが浮き彫りになったと論じたが、市場はすぐさま反発した。後日、一人のトレーダーが、ウエストロンドンの自宅からある株価指数先物を操作して下落のきっかけを作ったとして訴追された。[11]

原因となるニュースがほとんどないのにこのように突然下落したことから分かるとおり、機械の台頭によってわれわれは新たなリスクと変動性の時代に突入した、と論じる者もいる。安全性が向上している証拠があるにもかかわらず、人々がオートパイロットの航空機や自動運転車を怖がるのと同じように、コンピュータに自動的にトレーディングをさせるのは恐ろしい発想だと多くの人が感じている。コンピュータトレーダーが目下のトレンドを増幅させたり加速したりするというのも、理にかなった考え方だ。

作家で元リスクマネージャーのリチャード・ブックステーバーは次のように論じている。今日、リスクが顕著になっているのは、「投資界全体にわたってシステム規模で」クオンツモデルが取り入れられているためで、今後、こうした投資家の手違いはこれまでよりも大きな影響をおよぼすようになるだろう。[12] 定量的トレーディングがますます多く取り入れられるにつれて、金融市場のまさに根本が変質しかねない。新たなタイプの手違いが起こる可能性があり、その中にはいまだ経験したことがなくて予測が難しいものもあるだろう。これまで市場は人間の行動によって動いていて、トレーダーや投資家が主要な役割を果たしてきた。機械学習などのコンピュータモデルが市場でもっとも大きな影響力を持つ要素になったら、市場は予測が難しくなり、さらに不安定になるかもしれない。人間の性格がおおむね一定であるのに対して、この手のコンピュータトレーディングの性格は素早く変化しかねないからだ。

しかしコンピュータトレーディングの危険性は、おおむね誇張されすぎている。クオンツ投資にもさまざまなタイプがあり、この点に関してひとくくりにすることはできない。モメンタム戦略を取るクオンツは、市場が下落すると、ほかの投資家の売りを加速させる。しかしクオンツの世界では、スマートベータやファクター投資やスタイル投資など、それ以外の方法論が、最大の投資カテゴリーとしてもっとも急速に成長している。これらの手法を用いる投資家の中には、割安になった株式を買うようコンピュータをプログラミングして、市場の安定に寄与している者もいる。

忘れてはならない点として、市場参加者は危機の最中には決まって手を引いて取引を減らす傾向があり、クオンツも過去の方法論とさほど変わらずに取引を控えているように思われる。それどころか、クオンツ投資家が支配的な立場を占めるにつれて、市場は安定性を増してきている。人間は恐怖や欲望やパニックに陥りやすく、このいずれもが金融市場に変動性の種を蒔《ま》く傾向がある。偏見や感情に支配された個人を機械が脇に追いやれば、市場はもっと安定するかもしれない。航空機産業など別の分野でも、コンピュータに基づく意思決定によって手違いがおおむね減少している。

ルネサンスが見ているもの

二〇一九年夏の時点でルネサンスのファンド、メダリオンは、一九八八年以来の平均値として、運用手数料差し引き前で約六六パーセント、手数料差し引き後でおよそ三九パーセントの年間収益を上げている。RIEFこそ当初はつまずいたものの、外部の投資家に公開されているルネサンスの三つのヘッジファンドも、ライバルや市場指数を上回る運用成績を上げている。

二〇一九年六月、ルネサンスは合計六五〇億ドルの資産を運用して、世界有数のヘッジファンド会社となり、高頻度取引を除く一日の株式市場の取引高の五パーセントを占めることもあった。

ルネサンスの成功を見ると、人間の行動が予測可能であることを再認識させられる。ルネサンスが過去のデータを分析しているのは、投資家たちが将来も過去と似たような決定を下すだろうと比較的確信できるからだ。それに合わせて社員たちは科学的手法を武器に認知バイアスや感情バイアスと戦っており、どんな難題に立ち向かう際にもこの理性的な方法論は有用だと思われる。社員たちは、仮説を出してはその理論を検証、評価、調整することで、本能や直観でなくデータに導いてもらおうとしているのだ。

シモンズは言う。

「これは科学的な方法論だ。とても厳格な統計的方法論を使って、根底に何がありそうかを見極めている[13]」

ルネサンスの経験から得られるもう一つの教訓が、金融市場や個人投資に影響を与える要素や変数は、ほとんどの人が気づいたり導いたりできるよりも数多くあるということだ。投資家はきわめて基本的な力にだけ注目しがちで、見過ごしている要素は何十もあり、しかもそれらはいくつもの次元を持っているだろう。ルネサンスは、株式などの投資商品の価格に影響をおよぼす、これまで見過ごされてきた数学的関係性を含め重要な力を、ほかのほとんどの人よりも数多く認識しているのだ。

それはちょうど、ハチが花の色を幅広いスペクトルで見ているのに対して、人間は同じ花を見てもその色のバリエーションに気づかないのに似ている。ルネサンスも市場の色調を残らず見ているわけではないが、大量のレバレッジに頼っているおかげもあって、大儲けするのに十分なだけの色調は見ている。しかし、かつても困難な時期を経験したし、今後も、市場が進化するにつれて、社員がそれに追いついて過去の成功を再現するのは当然難しくなっていくだろう。現社員や元社員に過去を正直に振り返ってもらうと、これまでの収益の高さに驚くと同時に、今後は数々の障害が待ち構えているとも打ち明けてくれる。

シモンズらが高い収益を達成したことから考えると、市場にはほとんどの人が決めつけているよりも多くの非効率性が存在しているようにも思える。しかし実際には、非効率性や投資家にとってのチャンスは、一般的に考えられているよりも少ないだろう。ルネサンスは、独自のデータ、強力なコンピュータ、特別な才能を持った人材、トレーディングやリスク管理の専門的能力を備えていながらも、取引のうち収益を上げているのは五〇パーセントをわずかに上回る分のみで、市場より高い利回りを目指すことがいかに困難か、そしてほとんどの投資家にとっていかにバカげているかがよく分かる。

シモンズらは、純粋な株価の動きを予測することはほとんどしない。専門家やシステムが、少なくとも長期にわたる個々の株価や、さらには金融市場の方向性を高い信頼度で予測できるかどうかは、定かでない。ルネサンスがやっているのは、ある株価の動きと、ほかの株価や指標、ファクターモデルや業種全体の動きとのずれを予測しようとしているにすぎない。

エルウィン・バーレカンプは、メダリオンの運営に関わっていたときに次のような見方にたどり着いた。ほとんどの投資家は、自分はある投資商品を十分に理解してその先行きを予測できるという見当違いの自信を抱くため、彼らがその値動きを説明するために持ち出してくる話は理にかなっていないし、危険ですらあるというのだ。もしもバーレカンプに任せたら、株式の各銘柄は名前でなく、ただの数で呼ばれていたことだろう。

バーレカンプは言う。

「収益報告などの経済ニュースが必ず市場を動かすことは否定しない。問題は、あまりにも多くの投資家がその手のニュースに注目しすぎていて、彼らの運用成績がほぼすべて平均のすぐそばに集まっていることだ」

マガーマンの訴訟

ニューヨークのセントレジスホテルでレベッカ・マーサーがデビッド・マガーマンを夜のポーカーイベントから追い出した数日後、ルネサンスはこのコンピュータ科学者を解雇し、両者が和解するチャンスは完全に失われた。

マガーマンは二件の訴訟を起こした。連邦公民権法に基づくロバート・マーサーへの訴えと、ルネサンスおよびマーサーを相手取った不当解雇の訴えである。いずれの裁判でもマガーマンは、自分はあくまでも「保証されていた活動をおこなった」だけなのに、マーサーはそれを理由に自分を解雇したと主張した。

フィラデルフィア連邦裁判所に提出された一〇ページにおよぶ告訴状には、次のように記されている。

「マーサーの行為は、マガーマンに憲法および連邦法で保障された権利を行使させまいとする非道なものである」

マガーマンは、会社や社員を公然と非難することがルネサンスの社員便覧で禁じられているのは認めた上で、『ウォール・ストリート・ジャーナル』に自分の懸念を話す前にルネサンスの少なくとも一人の重役から許可を得たと証言した。

マガーマンは傷ついた感情を抱きつづけていた。かつての仕事仲間に冷遇されたことにいまだに苦しめられていた。

しかしマガーマンもルネサンスも、徐々にいがみ合いから離れていった。そもそもマガーマンも、マーサーの政治活動にこそ不快感を抱き、声を上げる権利を頑として譲らなかった一方で、シモンズやブラウンたちには怒りをぶつけたくなかった。マーサーと近しくしていたことを懐かしんだ日すらあった。

マガーマンはある記者に次のように語った。

「ルネサンスで二〇年以上働いた。あいつらは俺の職業人生の中でもナンバーワンの存在だ。世間に知らしめなければと思ったんだ。……俺としてはそれで決着がついたつもりだったのに、停職になってクビになっちまったんだ[14]」

二〇一八年、数カ月にわたる交渉の末に両者は、マガーマンがほかの退職者と同じくメダリオンに投資する権利を持ってルネサンスを退職するという、平和的な和解に達した。五〇歳になっていたマガーマンは、すぐさま新たな活動に乗り出した。有力ソーシャルメディア企業との戦いだ。フェイスブックの解体を求めるロビー活動をおこなう団体に五〇万ドル近い寄付をし、新興のデータ関連企業に出資するフィラデルフィアのベンチャーキャピタル会社の上級職に就いた。

二〇一八年末にマガーマンは次のように語った。

「精神的にも個人的にも、いまの居場所にすごく満足している。恨みがいっさい残っていないとまでは言えない。でも着実に前に進んでいるのさ[15]」

マーサー引退後の変化

二〇一七年一一月にマーサーがルネサンスの共同CEOの座から退いても、社員たちは、会社はたいして変わらないだろうと感じていた。マーサーはルネサンスに雇われたままで、ブラウンに声が届くほどの近さにいることは変わらなかった。これからもブラウンの出来心をうまく抑えつけていくだろうと、社員たちは思った。マーサーはほかの研究者と違ってブラウンに直接報告し、いまだ重要な地位にあることを見せつけた。いったい何が変わるというのだろう?

しかし退陣発表からまもなくして、会社でのマーサーの役割は小さくなった。幹部会議には参加せず、中枢から外されたようだった。この変化に社員たちのあいだでは、マーサーの手綱から解放されたブラウンが浅はかな決定を次々に下すのではないかという懸念が広がった。社員たちは、投資会社が次々とクオンツトレーディングに参入してくるこのタイミングにわが社が変わることで収益が損なわれ、結果として競争が激しくなることを恐れた。

ブラウンもその危険を察知したらしく、経営のしかたに手を加えることにした。いまだに猛烈なペースで仕事を続け、平日の晩はほとんどオフィスの折りたたみ式ベッドで寝ていた。しかしここに来て、ほかの上級社員に頼ってさまざまな仕事仲間から意見を求めるようになったのだ。この方針転換によって会社は安定し、メダリオンは二〇一八年を好調のまま締めくくった。この年に約四五パーセントの収益を出し、S&P500が二〇〇八年以来最悪の六パーセントを超す下落を示す中、ほぼすべての投資会社を上回る運用成績を上げたのだ。投資家に公開されているルネサンスの三つのファンド、ルネサンス・インスティテューショナル・エクイティーズ・ファンド、ルネサンス・インスティテューショナル・ダイバーシファイド・アルファ・ファンド、ルネサンス・インスティテューショナル・ダイバーシファイド・グローバル・エクイティーズ・ファンドも、いずれも市場を上回る利回りを上げた。この三つのファンドに資金が流れ込んだことで、ルネサンスの資産総額は急増して六〇〇億ドルを超え、世界有数のヘッジファンド会社となった。

シモンズは二〇一八年末に次のように語った。

「何もかもコントロールできていると思う。俺たちが稼ぎつづける限り、投資者はすごく幸せだ[16]」

財産を築くだけでなく、財産で何をするか

二〇一八年春、シモンズは八〇歳の誕生日を迎えた。家族の財団はその記念として、物理学分野へのシモンズの貢献に焦点を絞った連続講演をおこなった。近くのホテルで学者たちがシモンズに乾杯を捧げた。その一カ月後にシモンズは、自家用ヨット、アルキメデス号に親戚や友人を招待し、マンハッタンを一周する夜のクルーズに出発した。

かなりの猫背でさすがに歳を感じさせたが、いまだに冴えていて、パーティーのあいだずっと、穿《うが》った質問をしたりユーモア交じりの皮肉を言ったりしていた。

「二度と八〇歳にはならないと約束するよ」とシモンズはとぼけた。

シモンズは居心地の良い人生の着地点にたどり着いたようだった。マーサーをルネサンスのトップから外したことで肩の荷が下りたし、会社はブラウンの舵《かじ》取りで繁栄していた。マガーマンをめぐるごたごたですら、過去のことのように思われた。

それでもいまだにプレッシャーを感じていた。人生の重要な目標にはまだたどり着いていなかったし、それを達成するための膨大な時間が残っていそうにないことは、たとえ数学の博士号がなくても理解できた。残された念願を叶えるチャンスを増やすためか、ある日課を続けていた。朝はたいてい六時半頃に起きて、セントラルパークまで数キロ歩き、トレーナーと一緒に運動をしていたのだ。財団が企画した一日がかりのハイキングでは、シモンズが先頭を歩いて、息の上がった若い職員を置き去りにすることがほとんどだった。また少なくとも会議の最中は、愛用のたばこ、メリットを胸ポケットの奥深くにしまい込んで、それよりは少しだけ健康に良い電子たばこに切り替えた。

シモンズはブラウンらルネサンスの幹部と連絡を取りつづけ、取締役会を取り仕切っていた。ごくたまに経営改善のアイデアも提案した。しかし一番の関心事は別のところにあった。その年、民主党の何人もの候補者の支援に二〇〇〇万ドルを提供し、民主党が下院の支配権を取り戻すのに貢献したのだ。

サイモンズ財団は、年間予算四億五〇〇〇万ドルと、基礎科学研究の民間基金として全米第二位の規模に成長していた。シモンズが創設に助力した財団、マス・フォー・アメリカは、ニューヨーク市の優秀な数学教師と科学教師上位一〇〇〇人に年一万五〇〇〇ドルの手当を支給した。また、年に一度のセミナーやワークショップを何百も開催して、有能で熱意ある教師のコミュニティーを築いた。この取り組みが功を奏したらしく、以前なら民間企業に逃げ出していたような教師を公立学校が引き留めておけるようになった。

シモンズが下した人生の決断の中には、矛盾するものも、さらには偽善的に思えるものもある。シモンズが科学や数学などの分野の基礎教育に政府が予算を回さないことを批判する一方で、ルネサンスは長年にわたり、短期収益を長期収益に転換させて何十億ドルもの税金を合法的に節税していた。政府予算が逼迫《ひっぱく》する中、ときに独断で資金を分配して非営利活動に優先順位をつける「慈善的な億万長者」が社会で影響力を増していることに、作家で活動家のナオミ・クラインなど何人かの批評家は声高に疑問を投げかけている。またシモンズが、民間企業が公的部門から優れた人材を奪い取って、多くの学校がトップクラスの教師を引き留めておけないことを嘆く一方で、自らのヘッジファンドには優秀な科学者や数学者を次々に雇い入れているという点も、批判を浴びかねない。

しかしシモンズは、無益なプロジェクトに数十億ドルの財産をつぎ込んできたわけではない。何百万もの人に恩恵をもたらすであろう取り組みに、お金と創造力を捧げているのだ。慈善事業へのシモンズの投資が、おそらくは本人が生きているうちに、真の変化、さらにはブレークスルーにつながるかもしれないという確かな兆しすらある。シモンズの名は、どのようにして財産を築いたかだけでなく、その財産で何をしたかという点でも、人々の記憶に残っていくのかもしれない。

エピローグ

ジム・シモンズはその人生の大半を、秘密の解明と難題の攻略に捧げた。若いうちは数学の問題と敵の暗号に狙いを定めた。その次に標的としたのは、金融市場に隠されたパターンだった。二〇一九年春、八一歳の誕生日が近づいたシモンズは、人生でおそらくもっとも重大な二つの難題に熱中していた。自閉症の解明と治療、そして宇宙と生命の起源の解明である。

自閉症研究の真のブレークスルーはまだ達成されておらず、残された時間も刻々と減っていた。六年前にサイモンズ財団は、アメリカ人として初めてエベレスト山とK２の両方に登頂した、生理学と神経科学の教授、ルイス・ライハルトを雇った。そのライハルトにシモンズは、登山よりもさらに困難な難題を託した。自閉症患者の生活向上である。

財団の支援によって、自閉スペクトラム症の子供を一人以上抱える二八〇〇家族の遺伝子サンプルが収集され、それによって動物モデルの開発が加速して、人間の治療への第一歩が踏み出された。二〇一九年春までにサイモンズ財団の研究者たちは、自閉症患者の脳の働きに関する知見を深め、症状を緩和させる可能性を秘めた薬剤の実現に迫った。自閉症患者の二〇パーセントに有効と期待される薬剤の治験が近づいていた。「一部の人に何かしらの効果がある初の薬になる。成功の可能性は五分五分より高いと思う」とシモンズは語っている。

シモンズはまた、人類誕生の頃から人々を悩ませてきた、われわれの存在に関する一連の難題についても前進できるという期待を抱いていた。そこで二〇一四年、宇宙の年齢と組成を実測した画期的研究で知られる、プリンストン大学の宇宙物理学者デビッド・スパーゲルを仲間に引き入れた。そして、宇宙はどのようにして誕生したのかという永遠の問いに答える課題を託した。どうか俺がまだ元気な数年以内にやってくれ、とシモンズは頼んだ。

乾燥していて大気が非常に澄んでいる標高五二〇〇メートルのチリのアタカマ砂漠に、超強力な望遠鏡を何台も並べた巨大天文台を建設する計画に対し、シモンズは七五〇〇万ドルを寄付した。ここは、宇宙マイクロ波背景放射を測定して宇宙誕生初期の様子をとらえるのに理想的な場所である。計画を率いるのは、スパーゲルやブライアン・キーティング（サイモンズ天文台台長の宇宙物理学者で、偶然にもシモンズの初期のパートナー、ジェームズ・アックスの息子）など八人の科学者のグループで、天文台は二〇二二年に完成予定だ。この天文台の目的の一つは、宇宙を誕生させた理論上の出来事であるビッグバンの証拠をはるかかなたに探し出すことである。[1]

多くの科学者が、宇宙は誕生直後にほぼ瞬時に膨張したと推測していて、その膨張を「宇宙インフレーション」と呼んでいる。その瞬間的膨張によって、重力波と、キーティングが「ビッグバンの指紋」と呼ぶ光の偏光が生じたと考えられる。科学者は何年もかけてその現象の証拠を探してきたが、いずれの取り組みも大失敗に終わり、あと一歩のところで無駄骨に終わったという状態が何十年も繰り返されてきた。サイモンズ天文台は、宇宙の産声の微かなこだまを発見して、宇宙に始まりがあったことの証拠を示せる可能性がこれまででもっとも高い天文台の一つである。

「ジムはすぐにでも答えを出せとしょっちゅう迫ってくる」とスパーゲルは言う。

シモンズ自身はビッグバン理論に懐疑的で、自らの巨大望遠鏡が目的を達成して宇宙インフレーションの証拠を見つけられるかどうか疑っている。時間に始まりはなかったとする説に同調していて、インフレーションを伴わない「バウンシングモデル」という、ビッグバンと対立する理論を唱道するポール・スタインハートの研究も同時に支援している。

「時間は永遠に流れていると考えるほうが、美的に納得がいく」とシモンズは言う。

シモンズはまさにヘッジ《両賭け》ファンドトレーダーらしく、二つのチームが何を発見しようが自分は勝者になると考えている。もし自分の直観が正しかったことが証明されて、インフレーションが見つからなければ、シモンズは満足して、スタインハートのような科学者に後を継がせるだろう。もしスパーゲルとキーティングのグループがビッグバン理論を裏付ける証拠を見つけたら、「俺たちはノーベル賞を取って、みんなで街なかを踊り歩く」とシモンズは言う。

昔から文明を悩ませてきたほかのいくつかの問題の解明にも、シモンズは同じく意欲を示している。シモンズの財団は、生命はどのようにして誕生したのか、初期の生命はどのようなものだったのか、太陽系内のどこかや太陽系以外の惑星に生命は存在するのかという問題に挑む共同研究を支援した。

「あらゆる宗教がこのテーマを取り上げていて、俺は昔からずっと興味を持っている。解決に近づいている感じがする」とシモンズは言う。

*

二〇一九年三月中旬のすがすがしいある日、シモンズは妻と自家用ジェットのガルフストリームに乗って、ボストン郊外の空港へ飛んだ。そこから車でマサチューセッツ州ケンブリッジへ向かい、講演が予定されている母校マサチューセッツ工科大学のキャンパスを目指した。ツイードのスポーツジャケットと黄褐色のズボンとパリッとした青いシャツを着て、靴下なしでローファーを履いたシモンズは、学生や学者や地元の実業家数百人を前に、自分の半生と大統領選後のルネサンスの混乱を振り返った。

なぜボブ・マーサーの政治活動を止めなかったのかと質問されると、「やつは少し頭がおかしいと思う」と答え、何人かが歓声を上げた。「でもとてつもなく賢い。政治的信念を理由にクビにすることなんてできなかった」

学生がどのプロ投資家を手本にすべきかと質問すると、投資家が市場を予測することなんて不可能だといまだ考えていたクオンツのシモンズは、答えに詰まった。そしてようやく、マンハッタンで自分の近所に住むヘッジファンドマネージャー、ジョージ・ソロスの名前を挙げた。

「あいつの話は聞く価値があると思う。ただ山ほど話してくるがね」

シモンズは聴衆にいくつかの人生訓を説いた。「できるだけ賢い人、できれば自分よりも賢い人と仕事をせよ。……簡単にあきらめずにやり通せ」

「美を道しるべにせよ。……会社の経営のしかたも、実験の進め方も、定理の導き方もそうだが、何かがうまくいっているとき、そこには美の感覚、美意識のようなものがあるはずだ」

続いてシモンズは、宇宙の誕生や人類の起源を解明しようとする取り組みなど、最近情熱を注いでいる事柄について説明した。

「われわれがひとりぼっちだということは十分にありうる」とシモンズは語って、知的生命は地球上にしか存在せず、生命にとって好ましいいくつもの要因がこのように組み合わさっている場所はほかにないのではないかと論じた。

シモンズは一瞬、最前列のマリリンと、その隣に座っているハーバード大学の大学院生である孫のほうを向いた。

そして「われわれはたくさんの幸運に恵まれている」と言った。

聴衆の拍手喝采がやむと、シモンズは控えめに手を振った。

そしてゆっくりと歩きながら、家族を引き連れてホールを後にした。

謝辞

本書の執筆には情熱を傾けて取り組むことができた。創造力に富んでいてときに風変わりな国内外の数学者、科学者、暗号解読者、クオンツの先駆者たちと二年以上にわたって数えきれない時を過ごすという特権に恵まれた。

一方で本書の執筆は、私の人生の中でもっとも大きな挑戦でもあった。高校では微積分準備科目の単位を取れなかった。大学では数学の概念について語り合ったが、それを使えるかどうかは別の話だった。次に何かアルゴリズムを作ったとしたら、それが私にとって初のアルゴリズムとなる。この分野の専門家や草分け的な学者や献身的な人たちの支えと励まし、そして助言がなかったら、本書があなたの手元に届くことはなかっただろう。

思慮深い助言と貴重な大局観の源であるハル・ラックスが、私のよりどころとなってくれた。そのほかに、アーロン・ブラウン、アンドリュー・スタージ、リチャード・デューイ、ラシード・サバー、ダリオ・ビラーニにも頼った。みなさんの知性と専門的知識と手ほどきに心から感謝する。

ニック・パターソン、グレッグ・ハレンダー、サンドー・ストラウス、エルウィン・バーレカンプ、ロバート・フライ、スティーブン・ロバート、デビッド・ドワイヤー、ハワード・モーガンなど、大勢の元ルネサンス社員が、この会社のさまざまな時期に関する重要な知見を提供してくれた。ライモ・バクス、リチャード・スターン、アーネスト・チャン、フィリップ・レスニック、ポール・コーエンは、IBMでの自身の経験を語ってくれた。ビッキー・バローネは数学を手ほどきしてくれた。マイケル・ポマダ、ブライアン・キーティング、サム・エンリケは、親切にも私の原稿を読んで有用な意見を寄せてくれた。

リー・ニューワース、アーウィン・クラ、ロバート・ブライアント、レナード・チャーラップ、サイモン・コッヘン、ロイド・ウェルチ、デビッド・アイゼンバッド、ジェフ・チーガー、デニス・サリバン、ジョン・ロット、カムラン・バッファ、フィリップ・グリフィスは、いつ終わるともしれない質問に並外れた忍耐力と知恵で答えてくれた。シュテフィ・バウム、グレッグ・ハイト、ユーリ・ガボビッチ、ジョン・J・スミス、デビッド・スパーゲル、リシ・ナラン、シャロン・バーチュ・マグレインの助力にも感謝する。

担当発行者のエイドリアン・ザックハイムと担当編集者のメリー・サンは、揺るぎない支援、限りない情熱、そして抜け目のない判断を提供してくれた。彼らが味方についてくれて幸運だったと思う。ジェイコブ・アーバンは調査助手として根気強くて優秀だったし、アナスタシア・グリアドコフスカヤとニーナ・ロドリゲス－マーティーは最終段階にさまざまな形で手を貸してくれた。

エルザ・ザッカーマン・シバン、シャラ・シェトリット、ハロルド・マーク・シマンスキー、アダム・ブローアー、アリ・モーゼズ、ジョシュア・マーカス、ステュー・シュレーダー、マーク・トビン、エリック・ランディー、カーステン・グラインド、ジェニー・ストラスバーグをはじめ、支えてくれた友人や同僚や家族たちに感謝する。ソフトボール場の内外でいつも見守ってくれているモシュ・グリックとレネ・グリックには、とてつもなく感謝している。ソフトボールチームAABJDの日曜日の強打者たちの支えに感謝する。トバとアビバは愛情を注いで支えてくれた。ジェリーとアリーシャとハンナとアイデンのブルグリンド一家、デビッド・チャーナとシャリ・チャーナ、ダグラス・アイゼンバーグとエレイン・アイゼンバーグは、私の胃袋と精神を満たしながら励ましてくれた。アビゲイル・ゴールドシャイダーは、午前三時にどうにかして私を励まして笑顔にさせてくれた。

ニューヨーク・ヤンキースのジオ・アーシェラ、DJ・ルメイユ、アーロン・ジャッジは、夕方に私を楽しませてくれた。ジャスティン・バーノン、ライ、ランディー・クロフォード、ダニー・ハサウェイ、ナタリー・マーチャント、マイルス・デイビス、フランツ・シューベルトは、夜通し私の気を静めて慰めてくれた。

この出版計画を褒めてくれた『ウォール・ストリート・ジャーナル』の編集主幹マット・マレーと、経済金融欄担当編集者のチャールズ・フォレルに感謝したい。

子供の頃、国語の授業があまり好きではなかった。文の構造を図示する課題は散々の出来だったし、高校のある教師からは、ホロコーストに関するレポートばかり書いてクラスに自分の関心事を押しつけていると叱られた。執筆に関する私の知識のほとんどは「読むこと」から得た。プロビデンス公立図書館の蔵書や、亡き父アラン・ザッカーマンが私の文章を読んだ上で書いてくれた気の利いた批評、そして、母ロバータ・ザッカーマンが切り抜いては渡してくれた、いろいろと考えさせたり楽しませたりする新聞記事といったものだ。両親の愛情と教えは、いまだに私の道しるべとなっている。

最後に、誰よりも妻のミシェルは、本書を実現させる上で欠かせない役割を果たしてくれた。隠れマルコフモデルを理解したり確率微分方程式を説明したりするのに四苦八苦している私を、慰めて元気づけて励ましてくれた。君への感謝の気持ちは日に日に深まっている。本書は息子のガブリエル・ベンジャミンとイライジャ・シェーンに捧げる。ジム・シモンズですら、お前たちが私に与えてくれている幸せを予測できるモデルを編み出すことなどできなかったはずだ。

ボブ・マーサー（左）とピーター・ブラウンがルネサンスの重要なブレークスルーを引き起こした（『ウォール・ストリート・ジャーナル』およびジェニー・ストラスバーグの厚意による）

数学の講義をするシモンズ

ボブとレベッカのマーサー父娘は、ドナルド・トランプの
大統領への道に積極的な役割を果たした

シモンズとお気に入りのキツネザル。ストーニーブルックでの行事にて

ジムとマリリンのシモンズ夫妻

Analytics (website), https://www.ibmbigdatahub.com/sites/default/files/infographic_file/4-Vs-of-big-data.jpg?cm_mc_uid=16172304396014932905991&cm_mc_sid_50200000=1494235431&cm_mc_sid_52640000=1494235431.
9. Bradley Hope, "Five Ways Quants Are Predicting the Future," *Wall Street Journal*, April 1, 2015, https://blogs.wsj.com/briefly/2015/04/01/5-ways-quants-are-predicting-the-future.
10. Richard Dewey, "Computer Models Won't Beat the Stock Market Any Time Soon," *Bloomberg*, May 21, 2019, https://www.bloomberg.com/news/articles/2019-05-21/computer-models-won-t-beat-the-stock-market-any-time-soon.
11. Aruna Viswanatha, Bradley Hope, and Jenny Strasburg, "'Flash Crash' Charges Filed," *Wall Street Journal*, April 21, 2015, https://www.wsj.com/articles/u-k-man-arrested-on-charges-tied-to-may-2010-flash-crash-1429636758.
12. Robin Wigglesworth, "Goldman Sachs' Lessons from the 'Quant Quake,'" *Financial Times*, September 3, 2017, https://www.ft.com/content/fdfd5e78-0283-11e7-aa5b-6bb07f5c8e12.s
13. "Seed Interview: James Simons."
14. Marcus Baram, "The Millionaire Critic Who Scared Facebook Now Wants to Help 'Fix the Internet,'" *Fast Company*, December 11, 2018, https://www.fastcompany.com/90279134/the-millionaire-critic-who-scared-facebook-wants-to-help-fix-the-internet.
15. Baram, "The Millionaire Critic Who Scared Facebook."
16. Richard Henderson, "Renaissance Founder Says Hedge Fund Has Overcome Trump Tension," *Financial Times*, March 15, 2019, https://www.ft.com/content/7589277c-46d6-11e9-b168-96a37d002cd3.

エピローグ

1. Gary Robbins, "UCSD Gets $40 Million to Study Infancy of the Universe," *San Diego Union-Tribune*, May 12, 2016, https://www.sandiegouniontribune.com/news/science/sdut-ucsd-simons-telescopes-2016may12-story.html.

9. Robin Pogrebin and Somini Sengupta, "A Science Denier at the Natural History Museum? Scientists Rebel," *New York Times*, January 25, 2018, https://www.nytimes.com/2018/01/25/climate/rebekah-mercer-natural-history-museum.html.
10. Gregory Zuckerman, "Mercer Influence Wanes as Other Washington Donors Emerge," *Wall Street Journal*, November 4, 2018, https://www.wsj.com/articles/mercer-influence-wanes-as-other-washington-donors-emerge-1541350805.
11. Zuckerman, "Mercer Influence Wanes."

第16章

1. "Morningstar Reports US Mutual Fund and ETF Fund Flows for April 2019," *PR Newswire*, May 17, 2019, https://finance.yahoo.com/news/morningstar-reports-u-mutual-fund-130000604.html.
2. Gregory Zuckerman, "Architect of Greatest Trade Ever Hit by Losses, Redemptions Postcrisis," *Wall Street Journal*, April 27, 2018, https://www.wsj.com/articles/architect-of-greatest-trade-ever-hit-by-losses-redemptions-postcrisis-1524837987.
3. Gregory Zuckerman, "'This Is Unbelievable': A Hedge Fund Star Dims, and Investors Flee," *Wall Street Journal*, July 4, 2018, https://www.wsj.com/articles/this-is-unbelievable-a-hedge-fund-star-dims-and-investors-flee-1530728254.
4. Gregory Zuckerman and Kirsten Grind, "Inside the Showdown Atop PIMCO, the World's Biggest Bond Firm," *Wall Street Journal*, February 24, 2014, https://www.wsj.com/articles/inside-the-showdown-atop-pimco-the-worlds-biggest-bond-firm-1393298266.
5. George Budwell, "Why Geron Corporation's Stock Is Charging Higher Today," Motley Fool, August 28, 2018, https://www.fool.com/investing/2018/08/28/why-geron-corporations-stock-is-charging-higher-to.aspx.
6. TABB Group の報告に基づくデータ.
7. Nathan Vardi, "Running the Numbers," *Forbes*, April 30, 2019.
8. "The Four Vs of Big Data," インフォグラフィック, IBM Big Data &

The Inside Story of His Rise to the Presidency (New York: Center Street, 2017).

第15章

1. Jonathan Lemire and Julie Pace, "Trump Spent Saturday Night at a Lavish 'Villains and Heroes' Costume Party Hosted by Some of His Biggest Donors," Associated Press, December 3, 2016, https://www.businessinsider.com/trump-attends-mercer-lavish-villains-and-heroes-costume-party-2016-12.
2. Matea Gold, "The Mercers and Stephen Bannon: How a Populist Power Base Was Funded and Built," *Washington Post*, March 17, 2017, https://www.washingtonpost.com/graphics/politics/mercer-bannon.
3. Jane Mayer, "The Reclusive Hedge-Fund Tycoon behind the Trump Presidency," *New Yorker*, March 17, 2017, https://www.newyorker.com/magazine/2017/03/27/the-reclusive-hedge-fund-tycoon-behind-the-trump-presidency.
4. Zuckerman et al., "Meet the Mercers."
5. William Julius Wilson, "Hurting the Disadvantaged," *Civil Rights: Rhetoric or Reality?* への書評, by Thomas Sowell, *New York Times*, June 24, 1984, https://www.nytimes.com/1984/06/24/books/hurting-the-disadvantaged.html.
6. David M. Schwartz, "Robert Mercer's North Shore Home Draws Tax Demonstrators," *Newsday*, March 28, 2017, https://www.newsday.com/long-island/politics/spin-cycle/protest-at-robert-mercer-s-li-home-1.13329816.
7. Gregory Zuckerman, "Renaissance Feud Spills Over to Hedge Fund Poker Night," *Wall Street Journal*, April 28, 2017, https://www.wsj.com/articles/renaissance-feud-spills-over-to-hedge-fund-poker-night-1493424763.
8. Jeremy W. Peters, "Milo Yiannopoulos Resigns from Breitbart News after Pedophilia Comments," *New York Times*, February 21, 2017, https://www.nytimes.com/2017/02/21/business/milo-yiannopoulos-resigns-from-breitbart-news-after-pedophilia-comments.html.

10. Juliet Chung, "Mega Merger: Six Apartments May Make One," *Wall Street Journal*, April 27, 2010, https://www.wsj.com/articles/SB10001424052748704446704575207193495569502.
11. Ben Smith, "Hedge Fund Figure Financed Mosque Campaign," *Politico*, January 18, 2011, https://www.politico.com/blogs/ben-smith/2011/01/hedge-fund-figure-financed-mosque-campaign-032525.
12. Vicky Ward, "The Blow-It-All-Up Billionaires," *Highline*, March 17, 2017, https://highline.huffingtonpost.com/articles/en/mercers.
13. Gregory Zuckerman, Keach Hagey, Scott Patterson, and Rebecca Ballhaus, "Meet the Mercers: A Quiet Tycoon and His Daughter Become Power Brokers in Trump's Washington," *Wall Street Journal*, January 8, 2017, https://www.wsj.com/articles/meet-the-mercers-a-quiet-tycoon-and-his-daughter-become-power-brokers-in-trumps-washington-1483904047.
14. Carole Cadwalladr, "Revealed: How US Billionaire Helped to Back Brexit," *Guardian*, February 25, 2017, https://www.theguardian.com/politics/2017/feb/26/us-billionaire-mercer-helped-back-brexit.
15. Jane Mayer, "New Evidence Emerges of Steve Bannon and Cambridge Analytica's Role in Brexit," *New Yorker*, November 17, 2018, https://www.newyorker.com/news/news-desk/new-evidence-emerges-of-steve-bannon-and-cambridge-analyticas-role-in-brexit.
16. Nigel Farage, "Farage: 'Brexit Could Not Have Happened without Breitbart,'" Alex Marlow によるインタビュー, Turning Point USA Student Action Summit, December 20, 2018, https://www.youtube.com/watch?v=W73L6L7howg.
17. Matea Gold, "The Rise of GOP Mega-donor Rebekah Mercer," *Washington Post*, September 14, 2016, https://www.washingtonpost.com/politics/the-rise-of-gop-mega-donor-rebekah-mercer/2016/09/13/85ae3c32-79bf-11e6-beac-57a4a412e93a_story.html.
18. Green, *Devil's Bargain*.
19. Corey R. Lewandowski and David N. Bossie, *Let Trump Be Trump:*

2. Patterson, *The Quants*.
3. Gregory Zuckerman, *The Greatest Trade Ever: The Behind-the-Scenes Story of How John Paulson Defied Wall Street and Made Financial History* (New York: Broadway Books, 2009).
4. Tae Kim, "Billionaire David Einhorn Says the Key to Investing Success Is 'Critical Thinking,'" CNBC, December 26, 2017, https://www.cnbc.com/2017/12/26/david-einhorn-says-the-key-to-investing-success-is-critical-thinking.html.
5. Susan Pulliam and Jenny Strasburg, "Simons Questioned by Investors," *Wall Street Journal*, May 15, 2009, https://www.wsj.com/articles/SB124235370437022507.

第14章

1. Alice Walker, "Billionaire Mathematician Jim Simons Parks £75 million Super Yacht during Tour of Scotland," *Scottish Sun*, July 15, 2018, https://www.thescottishsun.co.uk/fabulous/2933653/jim-simons-super-yacht-billionaire-scotland-tour.
2. Simons, "On His Career in Mathematics."
3. Van Zuylen-Wood, "The Controversial David Magerman."
4. Ryan Avent, "If It Works, Bet It," *Economist*, June 14, 2010, https://www.economist.com/free-exchange/2010/06/14/if-it-works-bet-it.
5. James Simons, "My Life in Mathematics" (講演, International Congress of Mathematics, Seoul, South Korea, August 13, 2014), https://www.youtube.com/watch?v=RP1ltutTN_4.
6. John Marzulli, "Hedge Fund Hotshot Robert Mercer Files Lawsuit over $2M Model Train, Accusing Builder of Overcharge," *New York Daily News*, March 31, 2009, https://www.nydailynews.com/news/hedge-fund-hotshot-robert-mercer-files-lawsuit-2m-model-train-accusing-builder-overcharge-article-1.368624.
7. Patterson and Strasburg, "Pioneering Fund Stages Second Act."
8. Joshua Green, *Devil's Bargain: Steve Bannon, Donald Trump, and the Storming of the Presidency* (New York: Penguin Press, 2017).
9. Mider, "Ted Cruz?"

第12章

1. McGrayne, *The Theory That Would Not Die: How Bayes' Rule Cracked the Enigma Code, Hunted Down Russian Submarines, and Emerged Triumphant from Two Centuries of Controversy.*
2. Lux, "The Secret World of Jim Simons."
3. *Abuse of Structured Financial Products* (statement of Peter Brown).
4. Katherine Burton, "Inside a Moneymaking Machine Like No Other," *Bloomberg*, November 21, 2016, https://www.bloomberg.com/news/articles/2016-11-21/how-renaissance-s-medallion-fund-became-finance-s-blackest-box.
5. George Gilder, *Life after Google: The Fall of Big Data and the Rise of the Blockchain Economy* (Washington, DC: Regnery Gateway, 2018).
6. Simon Van Zuylen-Wood, "The Controversial David Magerman," *Philadelphia Magazine*, September 13, 2013, https://www.phillymag.com/news/2013/09/13/controversial-david-magerman.
7. Scott Patterson and Jenny Strasburg, "Pioneering Fund Stages Second Act," *Wall Street Journal*, March 16, 2010, https://www.wsj.com/articles/SB10001424052748703494404575082000779302566.
8. Zachary Mider, "What Kind of Man Spends Millions to Elect Ted Cruz?" *Bloomberg*, January 20, 2016, https://www.bloomberg.com/news/features/2016-01-20/what-kind-of-man-spends-millions-to-elect-ted-cruz.
9. William J. Broad, "Seeker, Doer, Giver, Ponderer," *New York Times*, July 7, 2014, https://www.nytimes.com/2014/07/08/science/a-billionaire-mathematicians-life-of-ferocious-curiosity.html.

第13章

1. Christine Williamson, "Renaissance Believes Size Does Matter," *Pensions & Investments*, November 27, 2006, https://www.pionline.com/article/20061127/PRINT/611270744/renaissance-believes-size-does-matter.

November 1, 2000, https://www.institutionalinvestor.com/article/b151340bp779jn/the-secret-world-of-jim-simons.

2. Robert Mercer, McGrayne によるインタビュー, *The Theory Would Not Die: How Bayes' Rule Cracked the Enigma Code, Hunted Down Russian Submarines, and Emerged Triumphant from Two Centuries of Controversy* (New Haven, CT: Yale University Press, 2011).
3. Brown and Mercer, "Oh, Yes, Everything's Right on Schedule, Fred."
4. Jason Zweig, "Data Mining Isn't a Good Bet for Stock-Market Predictions," *Wall Street Journal*, August 8, 2009, https://www.wsj.com/articles/SB124967937642715417.
5. Lux, "The Secret World of Jim Simons."
6. Robert Lipsyte, "Five Years Later, A Female Kicker's Memorable Victory," *New York Times*, October 19, 2000, https://www.nytimes.com/2000/10/19/sports/colleges-five-years-later-a-female-kicker-s-memorable-victory.html.
7. Roger Lowenstein, *When Genius Failed: The Rise and Fall of Long-Term Capital Management* (New York: Random House, 2000).
8. Suzanne Woolley, "Failed Wizards of Wall Street," *BusinessWeek*, September 21, 1998, https://www.bloomberg.com/news/articles/1998-09-20/failed-wizards-of-wall-street.
9. Timothy L. O'Brien, "Shaw, Self-Styled Cautious Operator, Reveals It Has a Big Appetite for Risk," *New York Times*, October 15, 1998, https://www.nytimes.com/1998/10/15/business/shaw-self-styled-cautious-operator-reveals-it-has-a-big-appetite-for-risk.html.
10. *Abuse of Structured Financial Products: Misusing Basket Options to Avoid Taxes and Leverage Limits: Hearings before the Permanent Subcommittee on Investigations of the Committee on Homeland Security and Governmental Affairs*, 113th Congress (2014) (statement of Peter Brown, Chief Executive Officer, Renaissance Technologies), https://www.govinfo.gov/content/pkg/CHRG-113shrg89882/pdf/CHRG-113shrg89882.pdf.

注

第9章

1. Peter Lynch, "Pros: Peter Lynch," インタビュー, with *Frontline*, PBS, May 1996, www.pbs.org/wgbh/pages/frontline/shows/betting/pros/lynch.html; and Peter Lynch with John Rothchild, *One Up on Wall Street* (New York: Simon & Schuster, 2000).
2. Sebastian Mallaby, *More Money Than God: Hedge Funds and the Making of a New Elite* (New York: Penguin Press, 2010).
3. Michael Coleman, "Influential Conservative Is Sandia, UNM Grad," *Albuquerque Journal,* November 5, 2017, https://www.abqjournal.com/1088165/influential-conservative-is-sandia-unm-grad-robert-mercer-trump-fundraiser-breitbart-investor-has-nm-roots.html.
4. Robert Mercer, "A Computational Life" (講演, Association for Computational Linguistics Lifetime Achievement Award, Baltimore, Maryland, June 25, 2014), http://techtalks.tv/talks/closing-session/60532.
5. Stephen Miller, "Co-Inventor of Money-Market Account Helped Serve Small Investors' Interest," *Wall Street Journal*, August 16, 2008, https://www.wsj.com/articles/SB121884007790345601.
6. Feng-Hsiung Hsu, *Behind Deep Blue: Building the Computer That Defeated the World Chess Champion* (Princeton, NJ: Princeton University Press, 2002).

第10章

1. Peter Brown and Robert Mercer, "Oh, Yes, Everything's Right on Schedule, Fred" (講演, Twenty Years of Bitext Workshop, Empirical Methods in Natural Language Processing Conference, Seattle, Washington, October 2013), http://cs.jhu.edu/~post/bitext.

第11章

1. Hal Lux, "The Secret World of Jim Simons," *Institutional Investor*,

［著者］
グレゴリー・ザッカーマン（Gregory Zuckerman）
ウォール・ストリート・ジャーナルのシニアライター兼ノンフィクション作家。ウォール街の金融企業や投資家に焦点を当てた記事や、ビジネスの話題を人気コラム「Heard on the street column」に掲載。経済・金融ジャーナリストの最高峰ジェラルド・ローブ賞を3回受賞。CNBCやFoxなどの経済番組にも定期的に出演。著書に『史上最大のボロ儲け　ジョン・ポールソンはいかにしてウォール街を出し抜いたか』（CCCメディアハウス）など、ノンフィクション多数。

［訳者］
水谷淳（みずたに・じゅん）
翻訳者。主に科学や数学の一般向け解説書を扱う。主な訳書にジョージ・チャム、ダニエル・ホワイトソン『僕たちは、宇宙のことぜんぜんわからない』（ダイヤモンド社）、ジム・アル＝カリーリ、ジョンジョー・マクファデン『量子力学で生命の謎を解く』（SBクリエイティブ）、レナード・ムロディナウ『この世界を知るための人類と科学の400万年史』（河出書房新社）、マックス・テグマーク『LIFE3.0』（紀伊國屋書店）などがある。

最も賢い億万長者〈下〉
——数学者シモンズはいかにしてマーケットを解読したか

2020年9月29日　第1刷発行

著　者——グレゴリー・ザッカーマン
訳　者——水谷淳
発行所——ダイヤモンド社
〒150-8409　東京都渋谷区神宮前6-12-17
https://www.diamond.co.jp/
電話／03･5778･7233（編集）　03･5778･7240（販売）
装丁————竹内雄二
DTP ———荒川典久
校正————久高将武
製作進行——ダイヤモンド・グラフィック社
印刷／製本—勇進印刷
編集担当——田口昌輝

ISBN 978-4-478-11175-8